大般涅槃經精要

最惡的人也能成佛的智慧

開發每個人本有的覺性

梁崇明 編譯

目次

目次

序

《大般涅槃經》亦稱《大本涅槃經》或《大涅槃經》，簡稱《涅槃經》。從佛學發展而言，這部經是在大乘中期產生的經典，也是繼般若思想，向如來藏發展，而集大成的一部經典。大乘《大般涅槃經》的漢譯現存有三種：一、東晉法顯、佛大跋陀、寶雲等合譯《大般泥洹經》六卷；二、北涼曇無讖譯《大般涅槃經》四十卷，經錄中有時又作三十六卷，也稱作「北本」；三、劉宋慧嚴、慧觀、謝靈運等依以上兩種譯本為基礎，合本對照修治而成的《大般涅槃經》三十六卷，也稱作「南本」。

《大般涅槃經》依據傳統佛教的說法，是佛陀在涅槃之前，在人間最後一天所說的了義經，主要核心思想為宣說如來常住、涅槃常樂我淨、眾生悉有佛性乃至闡提成佛等義的經典。

綜觀本經，無非處處在闡明佛身是常住不滅，以及涅槃四德。涅槃四德為常、樂、我、淨，這是與蘊處界的無常、苦、非我、不淨不同的。凡夫與外道將涅槃誤認為無常、苦、非我、不淨，將蘊處界誤認為常、樂、我、淨，成就顛倒知見，以致無法解脫。遠離四顛倒者，應知如是常、樂、我、淨，才能夠身證解脫，此即本經全盤之義蘊及其重點所在。

常、樂、我、淨四義，在本經所涵蘊的「約相說」，可以叫做涅槃，也可以叫做解脫；「約體說」，可以叫做佛性、法身，也可以叫做畢竟空，或第一義諦。涅槃，一般就是指人死了，問題是，佛身是同常人一樣死了就結束呢？還是永恆的？經中肯定佛身是常，如金剛一般堅固不壞，不同常人的父母生身，而是所謂「法身」、「佛身」。佛身又指「佛性」。佛性是一種理體，一種精神狀態，無論是否彰顯出來，佛性是永恆不變的。

因此，「佛性論」亦為《大般涅槃經》的核心理論，而佛性思想有兩個最為鮮明的旗幟，就是「一切眾生悉有佛性」和「一闡提人亦能成佛」。佛性是常住不變的，常、樂、我、淨是大涅槃。因此，人人都具佛性，人人都能成佛。佛陀也在本經說「一闡提人亦能成佛」。「一闡提人」是犯下五逆罪等極重罪業的人，也就是所謂斷善根的人，會犯下這些極重的罪業，是因為佛性被煩惱塵垢所污染，不自信有佛性，是人們不能成佛的最重要原因，當了悟到自己有永恆不變的佛性，對證果有信心，佛性自然顯露，是故「一闡提也能成佛」。

閱讀本經不妨將重點放在佛性及其修持的核心課題方面，並從本經所闡明的「佛身常住」的義涵出發，生命的根源就是如來法界，我們來人生一遊，最後要回歸到永恆不變易的如來法界，獲得解脫。若能去認知我們皆具有普遍恆常的佛性，去善加養護與開發，且離四顛倒，不執無常變易的幻有世界為實我實法，就能脫離一切煩惱我執，斷滅無常，在現實環境中，證得大自在常、樂、我、淨的境界。

導讀

品）。大般涅槃的意譯是大滅度、大圓寂，是指佛陀圓滿諸德，寂滅諸惡的解脫境地。

《大般涅槃經》有南北二本，北本為四十卷（十三品），南本為三十六卷本（二十五

漢譯本的《大般涅槃經》是由曇無讖大師傳譯至中國的。曇無讖本為中印度人，為婆羅門種出身，後至迦濕彌羅，而於西元五世紀初，經由龜茲國而入北涼之都。二年後，譯成涅槃經之前十卷，之後為了搜尋後半部，而赴於闐國，同時也遣使而得殘缺的部分經本，終於在玄始十年，完成四十卷本（後調卷為三十六卷本）。北涼為北方五胡十六國中最後的一個國家，當時南方的東晉已滅亡，已由宋而取代。此涅槃經，後為四十卷本，而傳至南方時，由於慧嚴、慧觀、謝靈運等法師大德，將和法顯所譯之涅槃經（六卷）對校，而為三十六卷本。嗣後曇無讖所譯的為之北本涅槃經（四十卷），被修治的為南本涅槃經（三十六卷），直至現在。

涅槃的意義

「般涅槃」譯為寂滅，是滅除所有的苦惱，到達寂靜的境界，也就是成道後的境地；

佛將逝世時，也叫做涅槃，有著證果與逝世的雙重意義。佛陀之離世，仍然是進入悟道證果後常住不滅的境地，而不是世人所謂一別千古那種生離死別，是佛性常存不滅的示現。

傳統上小乘對涅槃的解釋為「灰身滅智」，又作無餘灰斷，焚身灰智。即將肉身焚燒成灰，將心智滅除之意。在這個意義上，涅槃幾乎可說是等同於死亡，因為涅槃是伴隨著肉體的幻滅而有，修行者的生命要結束的時候，因為沒有煩惱，沒有要存在的心，也沒有心要來這個世間，亦即將身心悉歸於空寂無為之涅槃界，此乃小乘佛教最終目的之無餘涅槃。

大乘佛教以大涅槃取代了涅槃，不再認為涅槃一定要伴隨著死亡的來臨，而是可以在肉身並未壞死的狀態中達到的境界，這境界就是常、樂、我、淨，並以大涅槃來說明。如〈高貴德王菩薩品〉中所云：「常樂我淨在何處耶？所謂涅槃。」、「常樂我淨乃得名為大涅槃。」所以常樂我淨又名為涅槃。此時，涅槃只是一種精神狀態，並不是要伴隨肉身的死亡才能達成。

因此，涅槃不是去哪裡，現實生活都能得大自在涅槃。既然《大般涅槃經》強調法身是永恆，所以此境界是無始無終，有生之年所現的一切色相，並沒有離開法界，與涅槃實性不可劃分。所以涅槃理想境界可於現實界、生死海中實現之。

常住不滅

《大般涅槃經》卷第二十七有云：「一切眾生，悉有佛性，如來常住，無有變易。」本經的重點，首先放在於欲表達佛性的常住不滅，也就是說，佛陀雖進入涅槃而離開世間，但是佛陀的壽命乃為金剛不壞之身，為常住不滅的真我。第二為提示佛性平等，不但佛陀有之，就是惡逆不道暴戾之徒，也都具有涅槃佛性，也能成佛，也就是一切眾生均具佛性，悉皆成佛。

關於常住不滅。不變易即是常住，佛的法身、法界，是一種理體，是永恆不變的。一般佛家思想精神通透「常」與「無常」兩界，自生滅變化之現象界觀之，是謂「無常界」；然自永恆佛性或法界觀之，是謂「常界」。佛性又被視同於佛的法身。是故《大般涅槃經》卷第三十一：「佛性是常，三世不攝；三世若攝，名為無常。佛性未來以當見故，故言眾生悉有佛性。」本經所講佛性之常，講涅槃之有，皆非相對的有無之「有」，常與無常之「常」，而是一絕對的超概念的真常之「常」，妙有之「有」。

然而世人凡夫不知真常的有，不知常住樂，以無常的下苦為樂，孰不知此樂是假樂，此苦是真苦，如〈聖行品〉所云：「一切眾生於下苦中，橫生樂想。」一般人對苦的認識是相對於樂的，所認為的樂，在正法的勝義中，其實是在下苦中，就是我們眾生在很苦的狀態之中，我們卻想是在受樂，然而無常界中無實樂而有虛樂，理由是世間一切有為法是無常的，故諸所有受悉皆是苦，所謂生者必滅，合會必離，盛必有衰，眾苦流轉，無有休息，常為諸苦所侵。於是凡夫迷惘於生滅無常，浮沉於生死海中，直至死亡，人世間一切成就極可能剎那間化為烏有，因此生命毫無安全感。只有菩薩住於大乘大般涅槃，才能知道苦因、樂因，苦的來源，從假我的生滅現象（色身），領悟到常住不滅的真我（法身），獲得大解脫、大自在、大涅槃。如〈壽命品〉說：「我者是佛義，常者是法身義，樂者是涅槃義，淨者是法義。」至此境界，生滅變化界中之生滅無常感遂為永恆之極樂所替代。

以中道的智慧為佛性

《大般涅槃經》中的常樂我淨即是如來，即是佛身，有時又說即第一義空，或如來甚深密藏，或即中道。如〈師子吼菩薩品〉中所言：「不得第一義空，故不行中道；無中道，故不見佛性。」由此可見佛性是以中道第一義空的智慧為特質。

第一義空和中道都是既要見到世間的無常、苦、空、無我；又要見到出世間的常、樂、不空、我。只有具備了這兩方面的認知，又要超乎一切對待，才叫中道行。行中道者，是見空與不空，不偏一面，無常見無常，常見於常，兩者皆如實見，沒有錯誤的認知及顛倒見，才能稱為中道。佛陀舉出聲聞、緣覺見一切空，所以不見佛性；見一切無我，而見不到我，所以不能證得第一義空。世俗之有是名利、五欲，聲聞、緣覺雖然解脫了世俗之有的束縛，卻被阿羅漢道果束縛，因此還不是真解脫。而這一切都是因為沒有見到中道的佛性。能行中道才具第一義空的「智慧」，具此智慧才能成佛。因此，〈師子吼菩薩品〉之一說：「如是觀智，是名佛性。」

佛性的普遍性與潛藏性

闡述佛性遍在的經典，比比皆是。《大般涅槃經》雖承此旨，而強調佛身之常住，但是涅槃經的獨特之處，並不只如此，其最為特殊，最能令人讚嘆稱絕之處，乃在於一闡提成佛。梵語一闡提，譯為信不具，是不信佛法，是不信真理，可說是已斷善根之人，故都被認為無成佛之性。而《大般涅槃經》即說不管是如何的惡逆，不論是怎樣的誹謗正法，如一闡提那樣的惡劣，也能得度，也得成佛。雖然也有由於眾生的業力有著千差萬別的不同，但同樣都具有佛性，眾生平等，人人終能成就佛。佛性具有普遍性，也是主張佛性論的價值所在。

佛身在《大般涅槃經》中是指如來之身，或法身、如來藏、佛性。如來藏是一切法的根本，故是平等、恆有、真實普遍地存在。如來藏為眾生本具，卻被無明妄想掩蓋而不得彰顯的常住不變之性，可以說是佛性的異稱。所以關於潛藏性，也是如來藏的主要內涵。如來藏用最簡單的話解釋，就是如來有如寶藏，藏在自己心中。這一隱藏在眾生煩惱身心中的如來清淨法身，就是所謂「如來藏」，也稱為「佛性」。即一切眾生的現實生命雖處於煩惱生死的流轉之中，但同時也隱藏著如來的清淨法身，此清淨法身為煩惱所隱覆而不得顯露，但卻常住不變，不為煩惱所污染，為眾生成佛的根本依據。〈迦葉菩薩品〉四卷中，佛陀總結佛性具有六種特質，一是常、二是真、三是實、四是善、五是淨、六是可見。佛性是常恆不變的，因為尚未顯現，所以不存在；最終必將顯現，所以是存在。

在成道的路上，人們必須把握這個主體性，般若是用，這如來藏、佛性便是主體，是目標，而這個主體就在自心中，不必外求。等到我們達到大自在的覺悟時，一切煩惱塵垢都被揭去時，佛性自然便會顯露。

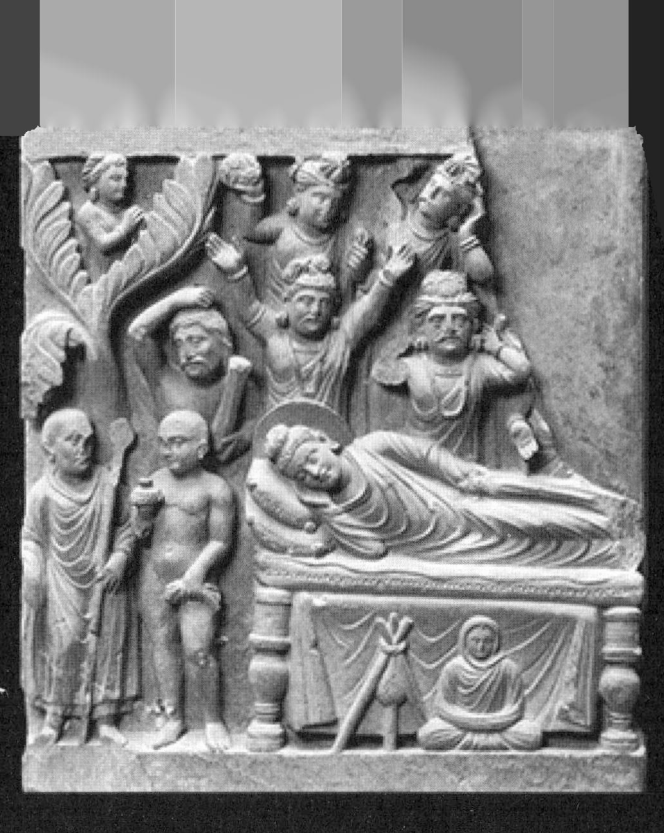

第01卷　序品第一

佛陀將進入涅槃是什麼狀態？

【要義】

序品第一

佛在拘屍那城阿利羅跋提河邊娑羅雙樹間，二月十五日臨涅槃時，宣告眾生所疑皆可問，為最後問。圍在佛陀四周的諸弟子，以及諸天人、鬼神，乃至飛禽走獸，都在傷歎號泣、悲痛萬分，表示哀苦。佛只受優婆塞純陀的最後供養，並為說施食的果報。

序品第一

爾時無邊身菩薩，安止如是無量眾生，於自身已令捨世樂，皆作是言：「苦哉，苦哉！世間空虛，如來不久當般涅槃。」

爾時無邊身菩薩，與無量菩薩周匝圍遶，示現如是神通力已，持是種種無量供具，及以上妙香美飲食，若有得聞是食香氣，煩惱諸垢皆悉消滅。以是菩薩神通力故，一切大眾

這時，無邊身菩薩勸告這些無量的眾生，捨棄世間的快樂，於是眾生皆說：「苦啊，苦啊！世間空虛，如來不久當般涅槃。」

這時無邊身菩薩與無量菩薩圍繞周圍，示現這樣的神通後，攜帶著種種無量供具及上妙香美飲食，如果能聞這種香氣，所有的煩惱及所有的不淨，全部都消滅。藉此菩薩的神通力，一切大眾都能得見這種變化。無邊身菩薩，身大無邊，如同虛空，除了諸佛，沒有人能見到這個菩薩身的無量無

悉皆得見如是變化。無邊身菩薩身大無邊、量同虛空，唯除諸佛，餘無能見是菩薩身其量邊際。爾時無邊身菩薩及其眷屬，所設供養倍勝於前，來至佛所，稽首佛足，合掌恭敬白佛言：「世尊！唯願哀湣，受我等食。」如來知時，默然不受。如是三請，悉亦不受。爾時無邊身菩薩及其眷屬，卻住一面。

邊。

無邊身菩薩及其眷屬所置備的供養比之前人的供養更加殊勝。來到佛所，稽首（俯首至地的最敬禮）佛足，合掌恭敬，向佛進言：「世尊！希望您慈悲接受我們的供養。」如來仍然默然不受。再三請求也沒有用。於是無邊身菩薩及其眷屬只好退坐到一旁。

第02卷　純陀品第二 哀歎品第三

到達了有的彼岸，就能得到真正無上的快樂嗎？
世間的常樂我淨，與出世間的常樂我淨，有何不同？

【要義】

純陀品第二

佛接受了純陀的最後供養，而拒絕了純陀請佛久住，莫入般涅槃的請求。佛陀也說佛具常命、常力、常安樂、常無礙辯才等常住五果。說明平時供養和最後供養，同等果報與功德。

哀歎品第三

大眾哀請住世，佛給以慰語，並告諸比丘不應思惟諸佛長壽短壽，世間沒有任何東西可以長存，有為有生滅，有變化的事物，其體性本來就是無常遷變的。涅槃就是恆常，如來法身恆常，不能把有常看成無常。一旦有生，則不能永住，直到煩惱生死盡了之時，即得涅槃寂滅，而超越生滅變化無常之法，才是真正的安穩快樂。

純陀品第二

佛告純陀：「如是如是，如汝所說。佛出世難如優曇花，值佛生信亦復甚難，佛臨涅槃最後施食，能具足檀復倍甚難。汝今純陀！莫大愁苦，應生踴躍，喜自慶幸，得值最後供養如來，成就具足檀波羅蜜，不應請佛久住於世。汝今當觀諸佛境界，悉皆無常，諸行性相，亦復如是。即為純陀而說偈言：

佛告訴純陀：「是啊，是啊，就像你說的一樣。佛陀出世就像優曇花（梵文的音譯，意譯為祥瑞靈異之花）一樣難得，供養佛陀相信佛陀更加難得，佛涅槃前能接受你最後佈施的飲食，更是稀有難逢。純陀！你今天不要悲傷愁苦，應該高興，能夠得到最後供養如來的機會，成就圓滿的檀波羅蜜，**不應該求佛久住世間。你應該觀照諸佛境界一切都是無常的，一切本性形相也是如此。**」佛陀對純陀說道：

「一切諸世間，生者皆歸死，

壽命雖無量，要必當有盡。
夫盛必有衰，合會有別離，
壯年不久停，盛色病所侵，
命為死所吞，無有法常者。
諸王得自在，勢力無等雙，
一切皆遷動，壽命亦如是。
眾苦輪無際，流轉無休息，
三界皆無常，諸有無有樂。
有道本性相，一切皆空無，
可壞法流轉，常有憂患等。
恐怖諸過惡，老病死衰惱，

「一切眾生所處世間，生者都將歸於死亡，壽命雖然有長有短但是一定會有盡頭，有盛就有衰，有合就有離，壯年很快就過去，完好的色身轉眼就被病魔侵蝕，生命終會被死亡吞沒，**世間沒有任何東西可以長存**。帝王雖然有很大的勢力，可是也無法改變死亡的結局。眾生無邊無際的痛苦，就是這樣流轉不息，三界無常沒有快樂。所謂『有』的本來面目皆是空無，都是可以被破壞的，充滿了各種憂患，生老病死八苦的危險無處不在，這些均為沒有際限，容易很快就被毀壞，被煩惱纏繞，就像蠶繭一樣。真正有智慧的人，怎會貪戀於此呢？這個身體聚集了各種苦，沒有清淨之處，被各種束縛和瘡毒困擾，沒有一點好處。甚至諸天之身也是

是諸無有邊，易壞怨所侵。
煩惱所纏裹，猶如蠶處繭，
何有智慧者，而當樂是處？
此身苦所集，一切皆不淨，
扼縛癰瘡等，根本無義利。
上至諸天身，皆亦復如是，
諸欲皆無常，故我不貪著。
離欲善思惟，而證於真實，
究竟斷有者，今日當涅槃。
我度有彼岸，已得過諸苦，
是故於今者，純受上妙樂。
以是因緣故，證無戲論邊，
永斷諸纏縛，今日入涅槃。

如此，所以我不貪著這些無常的東西。離開貪欲，仔細思維去修證這世間真實的東西，為了徹斷無常只有進入涅槃境界。我經歷了無數的困苦到達了『有』的彼岸，從今天起得到真正無上的快樂。因為這個原因駁斥執著『無』的戲論，離開所有束縛，今天將要進入涅槃。不再有生老病死，也就有了無盡的壽命，我今天進入涅槃，就像大火將滅。純陀啊，如來之義，是你所不能思量得知的，應當觀想如來就像須彌山一樣安住。我進入涅槃境界，享受無上的快樂，一切諸佛之法，都是如此，所以你不應該悲傷啼哭。」

我無老病死，壽命不可盡，
我今入涅槃，猶如大火滅。
純陀汝不應，思量如來義，
當觀如來住，猶如須彌山。
我今入涅槃，受於第一樂，
諸佛法如是，不應復啼哭。」

於是純陀復白佛言：「如來不欲久住於世，我當云何而不啼泣？苦哉，苦哉，世間空虛。唯願世尊，憐愍我等及諸眾生，久住於世，勿般涅槃。」

佛告純陀：「汝今不應發

於是純陀又向佛陀表白其心情而說：「佛陀不欲久住於世間，我們怎能不啼哭？苦啊，苦啊，世間將會變成虛空的了。但願佛陀您，哀憐我們，及諸位眾生，能久住於世間，不要進入涅槃。」

佛陀聽後對純陀說：「你不可以說『哀愍我

如是言，憐湣我故，久住於世。我以憐湣汝及一切，是故今欲入於涅槃。何以故？諸佛法爾，有為亦然。是故諸佛而說偈言：

『有為之法，其性無常。生已不住，寂滅為樂。』」

哀歎品第三

時諸比丘即白佛言：「世尊！我等不但修無我想，亦更

故，久住於世』這種話。佛陀我就是因為憐惜你，以及一切眾生，現在才將進入涅槃的。為甚麼呢？因為諸佛自然的法則本來就是這樣的。有為法也是這樣。因此，諸佛曾留有偈頌：

『有為有生滅，有變化的事物，其體性本來就是無常遷變的。一旦有生，則不能永住，得涅槃寂滅，超越生滅變化無常之法，才是真正進入究竟的大樂境界。』」

這是比丘向佛進言：「世尊！我們不但修習無我想，也修習其餘諸想。所謂苦想，無常想，無我

修習其餘諸想，所謂苦想、無常想、無我想。世尊！譬如人醉，其心惛眩，見諸山河、石壁、草木、宮殿、屋舍、日月星辰，皆悉迴轉。世尊！若有不修苦、無常想、無我等想，如是之人不名為聖，多諸放逸，流轉生死。世尊！以是因緣，我等善修如是諸想。」

爾時佛告諸比丘：「諦聽，諦聽。汝向所引醉人喻者，但知文字，未達其義。何等為義？如彼醉人，見上日月，實非迴

想。世尊！比如人喝醉了意識會眩亂，所看到的諸山川、城郭、宮殿、日月、星辰等，都在迴旋轉動似的。世尊！如果有人不修習苦、無常、無我等想的話，這樣的人不能稱為聖人，此人會放逸自己的行為，在生死中打轉。世尊！所以我們經常修習苦等諸想。」

這時佛告訴眾比丘：「仔細聽啊，仔細聽啊。你們剛才引用的醉人的比喻，只不過是文字上的瞭解，並沒有達到徹知真正的意義。什麼是真正的意義呢？比如那位酒醉的人看到天上的日月，實在並

轉，生迴轉想。眾生亦爾，為諸煩惱無明所覆，生顛倒心，我計無我、常計無常、淨計不淨、樂計為苦，以為煩惱之所覆故。雖生此想，不達其義，如彼醉人於非轉處，而生轉想。我者即是佛義，常者是法身義，樂者是涅槃義，淨者是法義。汝等比丘！云何而言有我想者，憍慢貢高流轉生死？汝等若言，我亦修習無常、苦、無我等想，是三種修，無有實義。

不迴旋轉動，而他卻作迴旋轉動之想。眾生也是如此，被各種煩惱無明覆蓋生出顛倒的想法，把真我看作無我，把常看作無常，把淨看作不淨，把真樂看作為苦，因為被煩惱覆蓋的緣故，雖然知道這個道理，卻並不通達其中真義，比如那個酒醉的人，對於不迴旋轉動之物，而誤認為在迴旋轉動一樣。**我就是佛義，常就是法身義，樂就是涅槃義，淨就是法義**。你們眾比丘！為何說有『我』的想法就會貢高我慢、流轉生死呢？你們若說，我們也修習無常、苦、無我等，但這三種修行沒有真實的意義。

我今當說勝三修法，苦者計樂、樂者計苦，是顛倒法。無常計常、常計無常，是顛倒法。無我計我、我計無我，是顛倒法。不淨計淨、淨計不淨，是顛倒法。有如是等四顛倒法，是人不知正修諸法。

汝諸比丘，於苦法中生於樂想，於無常中生於常想，於無我中生於我想，於不淨中生於淨想。世間亦有常樂我淨，出世亦有常樂我淨。世間法者有字無義，出世間者有字有

我現在要說更加殊勝的三種修行。**苦的計做樂，樂的計做苦。這是顛倒法。無我計為我，我計為無我，這是顛倒法。不淨計為淨，淨計為不淨，這是顛倒法。由這些顛倒法，這樣的人不知道正確的修行諸法。**

你們眾比丘，在苦法中生出樂想，在無常中生出常想，在無我中生出我想，在不淨中生出淨想。要知道，**世間也有常樂我淨，出世間也有常樂我淨**。世間法有字而無義，出世間法有字也有義。為什麼呢？因為世間法有四顛倒而不知道義。之所以這樣，是因為有想顛倒、心顛倒、見顛倒。因這

義。何以故？世間之法有四顛倒，故不知義。所以者何？有想顛倒、心倒、見倒。以三倒故，世間之人，樂中見苦、常見無常、我見無我、淨見不淨，是名顛倒。以顛倒故，世間知字而不知義。何等為義？無我者名為生死，我者名為如來；無常者聲聞緣覺，常者如來法身；苦者一切外道，樂者即是涅槃；不淨者即有為法，淨者諸佛菩薩所有正法；是名不顛倒。以不倒故，知字知義。若

三倒所以世間之人才會於樂而誤見為苦，常誤見為無常，我誤見為無我，淨誤見為不淨，這叫做顛倒。因為顛倒所以世間知字而不知義。什麼是義呢？**無我叫做生死。我叫作如來；無常叫做聲聞緣覺，常者叫做如來法身；苦者叫做一切外道，樂就是涅槃；不淨者就是有為法，淨就是諸佛菩薩所有正法，這叫做不顛倒。**因為不倒的原因所以知字知義。如果想遠離四顛倒，應該這樣理解常樂我淨的道理。

欲遠離四顛倒者，應知如是常、樂、我、淨。

汝等比丘！當知如來、應、正遍知、明行足、善逝、世間解、無上士、調御丈夫、天人師、佛、世尊，亦復如是，為大醫王，出現於世，降伏一切外道邪醫，諸王眾中唱如是言：『我為醫王。』欲伏外道，故唱是言：『無我、無人、眾生、壽命、養育、知見、作者、受者。』比丘當知，是諸外道所言我者，如蟲食木，偶成字

眾比丘！應該知道如來、應、正遍知、明行足、善逝、世間解、無上士、調御丈夫、天人師、佛、世尊（佛的十個稱號），也是如此，作為大醫王出現在世間，降伏一切外道邪醫。外道在各國人民中這樣說：『我就是醫王。』要折伏外道。如來因此而唱說：『無我、無人和眾生、壽命、養育、知見、作者、受者。』比丘應該知道，**要知外道所言之我，如蟲在吃樹木，偶爾成字而已，故佛在法中說「無我」，來調服眾生。那個時機應該說無我，現在有因緣所以又說有我。**就像那個良醫，猶如那位良醫，知道牛乳到底是藥還是非藥，不像凡夫所執

耳。是故如來於佛法中，唱言無我，為調眾生故、為知時故，說是無我。有因緣故，亦說有我。如彼良醫，善知於乳是藥非藥，非如凡夫所計吾我。凡夫愚人所計我者，或言大如拇指、或如芥子、或如微塵；如來說我悉不如是，是故說言，諸法無我，實非無我。何者是我？若法是實、是真、是常、是主、是依、性不變易者，是名為我。如彼大醫善解乳藥，如來亦爾，為眾生故，說諸法

的我。凡夫愚人所執的我，有人說其大有如拇指，或說如芥子，或說如微塵，都不是如來說的我。因此，佛說「諸法無我」，但並不是真正無我。究竟什麼是我呢？**如果法是實、是真、是常、是主、是依、其性又不變易，就叫做我。**就像那個名醫，真正瞭解乳藥的好壞。如來也是如此，為眾生說諸法中真實有我。你們四眾弟子們，應該照這樣去修習其中的道理。」

中真實有我。汝等四眾，應當如是修習是法。」

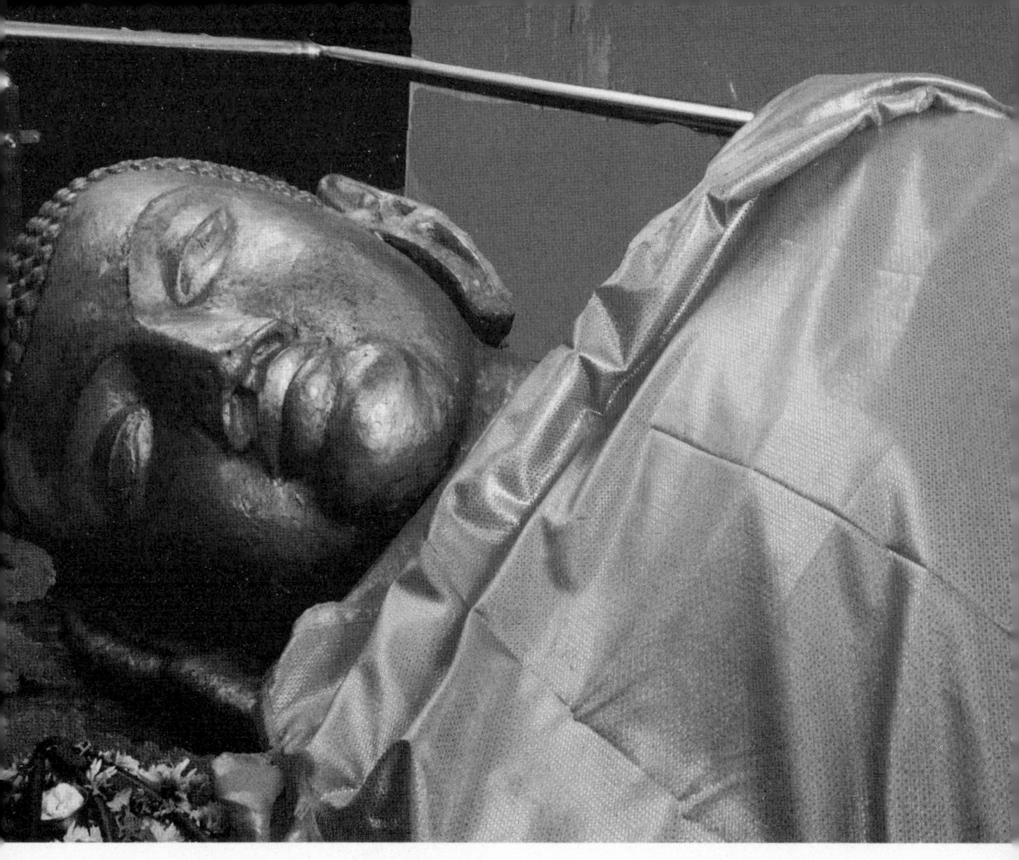

第03卷　長壽品第四
金剛身品第五
名字功德品第六

出世法與世間法有何差別？
如果佛就是常法的話，為何不經常顯現？

【要義】

長壽品第四

佛陀為諸比丘們宣說無常、苦、空、無我，了知常、樂、我、淨，離四顛倒。更為迦葉菩薩說佛身長壽的菩薩因行，以平等心視諸眾生，如來常住不變易法，世間出世間的差別，涅槃即法性義，佛法僧三歸依處等。

金剛身品第五

佛為迦葉宣說如來法身常住、金剛不壞。

名字功德品第六

佛宣說此《大般涅槃經》的名義和所具的功德。

長壽品第四

爾時迦葉菩薩白佛言：「世尊！出世之法與世間法，有何差別？如佛言曰：『佛是常法、不變易法。』世間亦說：『梵天是常，自在天常，無有變易。我常、性常、微塵亦常。』若言如來是常法者，如來何故不常現耶？若不常現，有何差別？何以故？梵天乃至微塵、世性亦不現故。」

這時迦葉菩薩向佛請示說：「世尊！出世法，與世間法有何差別？如佛所說：『佛是常法不變易法。』而世間也常談：『梵天是常法，自在天是常法，是沒有變易之法。同時說我的常性也是常法，微塵也是常法』如果說如來就是常法的話，為何如來不經常顯現呢？如果不能經常顯現，跟世間法有何差別？為甚麼我說沒有差別呢？畢竟上至梵天，乃至微塵、世性也不能顯現。」

佛告迦葉：「譬如長者，多有諸牛，色雖種種，同共一群，付放牧人，令逐水草，但為醍醐，不求乳酪。彼牧牛者，搆已自食。長者命終，所有諸牛悉為群賊之所抄掠。賊得牛已，無有婦女。即自搆捋，得已而食。爾時群賊各相謂言：『彼大長者，畜養此牛，不期乳酪，但為醍醐。我等今者，當設何方而得之耶？夫醍醐者，名為世間第一上味。我等無器，設使得乳，無安置處。』

佛告訴迦葉：「比如長者有養有很多牛。顏色不同，養在一起，託付給放牧人，讓其尋找水草，只求醍醐，不求次級的乳酪。那牧牛人擠了牛奶自己喝。到了長者命終之後，所有的牛隻，都被賊盜掠奪。賊盜得到牛沒人擠奶，就自己取乳，而得牛乳。這時群賊互相談論道：『那位逝世的長者，生前畜養牛，不為次級的乳酪，只為求取醍醐之味。我們怎麼才能得到呢？醍醐稱為世間第一美味，我們沒有器皿，就算得到也沒有安置的地方。』然後又相互研擬的結果而說：『只有皮囊可以盛放。』有盛裝之物，卻不知怎樣去攢搖，乳漿尚且難以求到，更何況要令它為生酥？這些群賊為了得到醍醐之故，將水摻入牛乳裡，然而將水放了過多之故，

復共相謂：『唯有皮囊，可以盛之。』雖有盛處，不知攢搖，漿猶難得，況復生酥。爾時諸賊，以醍醐故，加之以水，以水多故，乳酪醍醐，一切俱失。凡夫亦爾，雖有善法，皆是如來正法之餘。何以故？如來世尊入涅槃後，盜竊如來遺餘善法，若戒、定、慧，如彼諸賊劫掠群牛。諸凡夫人，雖復得是戒、定、智慧，無有方便，不能解說。以是義故，不能獲得常戒、常定、常慧、解脫；如彼群賊，

乳酪、醍醐等一切均已予以失去！既不是乳酪也不是醍醐。**凡夫也是如此，雖然同樣有善法，但是均為如來正法之殘餘**。為什麼呢？因為如來世尊入涅槃後。盜竊如來遺留下來的善法比如戒、定、慧，就像群賊劫掠群牛。凡夫雖然得到戒、定、慧。卻沒有方便智慧不能解說。也就不能獲得常戒、常定、常慧解脫。就像群賊不知方法喪失了醍醐。又如群賊以為是醍醐所以將水摻入乳內一樣。凡夫也是如此，為了解脫而說我、眾生、壽命、士夫、梵天、自在天、微塵、世性、戒定慧，以及解脫，說非想非非想天為涅槃，實在不得到解脫涅槃，就像那些群賊不能得到醍醐一樣。這些凡夫們，有一點梵行，能夠供養父母，因此因緣可以生到天上，受

不知方便，喪失醍醐。亦如群賊，為醍醐故，加之以水。凡夫亦爾，為解脫故，說我、眾生、壽命、士夫、梵天、自在天、微塵世性、戒定智慧及與解脫，非想非非想天即是涅槃，實亦不得解脫涅槃，如彼群賊不得醍醐。是諸凡夫，有少梵行，供養父母，以是因緣，得生天上，受少安樂，如彼群賊加水之乳。而是凡夫，實不知因修少梵行，供養父母，得生天上。又不能知戒、定、智慧，歸依

少許安樂，就像群賊兌了水的乳。而這些凡夫並不知道是因為修行梵行，供養父母才能生天上。也不知戒、定、智慧、歸依三寶，因為不明白原理而說常、樂、我、淨，雖然口能演說，但是實在不知道。

三寶，以不知故，說常、樂、我、淨，雖復說之，而實不知。

是故如來出世之後，乃為演說常、樂、我、淨。如轉輪王出現於世，福德力故，群賊退散，牛無損命。時轉輪王，即以諸牛付一牧人，多巧便者。是人方便，即得醍醐。以醍醐故，一切眾生，無有患苦。法輪聖王出現世時，諸凡夫人不能演說戒定慧者，即便退散，如賊退散。爾時如來善說世法及出世法，為眾生故，令諸菩

因此，佛陀於解脫而超出世間後，乃為諸眾生演說常、樂、我、淨之法。猶如轉輪聖王出現於世，因其福德力故，能驅散群賊，保全牛的性命。然後轉輪聖王就將牛群交付一位很靈巧的牧人，此牧人因用方便，而得醍醐。因用醍醐之故，一切眾生，就沒有苦患的了。當轉輪聖王出現於世間時，凡夫們不能亂說戒、定、慧，於是棄捨而散退如同盜賊。這時佛陀普說世間法以及出世間之法。為諸眾生之故，使令諸位菩薩隨著眾生的機宜而演說。諸大菩薩得到醍醐，也讓數不盡的眾生都得無上的甘露法味，就是如來的常、樂、我、淨。所以，善男

薩隨而演說。菩薩摩訶薩既得醍醐，復令無量無邊眾生獲得無上甘露法味，所謂如來常、樂、我、淨。以是義故，善男子！如來是常、不變易法。非如世間、凡夫、愚人，謂梵天等是常法也。此常法稱要是如來，非是餘法。迦葉！應當如是知如來身。迦葉！諸善男子、善女人，常當繫心修此二字，佛是常住。迦葉！若有善男子、善女人修此二字，當知是人，隨我所行，至我至處。善男子！

子啊！**如來是真常，是不變易之法，並非如世間的凡夫愚人所謂的梵天等為常法可比！此常法所說的是如來法，並不是其餘之法。**迦葉！你應該要這樣的知道如來身才對！迦葉！諸善男信女應該要經常於繫心，修此二字—**佛是常住**。迦葉！如有善男信女，修此二字（佛是常住）的話，應當要知道這樣的人已隨我所行，到達我所到達的地方。善男子！如有人修習這二字為滅相的話，就應知道如來會稱這樣的人已般涅槃（寂滅得道）。善男子！涅槃的意義就是諸佛的法性。」

若有修習如是二字為滅相者，當知如來則於其人為般涅槃。善男子！涅槃義者，即是諸佛之法性也。」

佛告迦葉菩薩：「善男子，不應說言，如來身者是滅法也。善男子，如是滅法是佛境界，非諸聲聞緣覺所及。善男子，汝今不應思量如來何處住？何處行？何處見？何處樂？善男子，如是之義，亦非汝等之所知及，諸佛法身，種種方便，不可思議。」

佛告訴迦葉菩薩：「善男子，不應說如來身是滅法。善男子，這種滅法是佛的境界，不是聲聞緣覺所能及的。善男子，你不應該思量佛陀安住於何處？在甚麼地方行動？見於甚麼地？安樂些甚麼？善男子，這其中的道理，不是你們所能明白的。諸佛的法身，其種種的方便，是不可思，不可議的。」

「復次善男子！應當修習佛法及僧而作常想。是三法者，無有異想、無無常想、無變異想。若於三法修異想者，當知是輩，清淨三歸則無依處，所有禁戒皆不具足，終不能證聲聞緣覺菩提之果。若能於是不可思議，修常想者，則有歸處。善男子！譬如因樹，則有樹影。如來亦爾，有常法故，則有歸依，非是無常。若言如來是無常者，如來則非諸天、世人所歸依處。」

另外，善男子！**應該修習佛法僧三寶，為真常之想**。佛法僧三法，沒有異想，沒有無常之想，沒有變異之想。如果認為三法有差異，那麼此人就無法找到清淨的三歸依處，所有的禁戒，也都不能具足了，最終不能證聲聞緣覺菩提之果。如果能在此不可思議中修行常想就能得到歸處。善男子！比如有樹才有樹影。如來也是如此，因為**有常法才有歸依，如來不是無常的。如果說如來是無常，那麼如來就不能作為諸天世人歸投依靠的地方了。**

金剛身品第五

爾時世尊復告迦葉：「善男子！如來身者，是常住身、不可壞身、金剛之身、非雜食身，即是法身。」

名字功德品第六

佛告迦葉：「是經名為『大般涅槃』，上語亦善、中語亦善、下語亦善。義味深邃，其文亦善。純備具足清淨梵行，金剛寶藏滿足無缺。汝善諦聽，我今當說。善男子！所言大者，

佛陀又對迦葉菩薩說：「善男子！如來身是常住身、是不可破壞之身、金剛之身，不是世人那種雜食身，而是法身。」

佛陀說：「這本經叫做『大般涅槃經』（大圓寂，稱釋尊入滅，而取為經名），上語很恰當，中語也適當，下語最為合適。這意義很深遠，文字也是非常的良好。純粹具足清淨的梵行，可說是金剛寶藏圓滿無缺。你要專心一意地聽，我會把它闡述出來。善男子！所謂大，就叫做常。如八大溪河，

名之為常。如八大河悉歸大海；此經如是，降伏一切諸結煩惱及諸魔性，然後要於大般涅槃放捨身命，是故名曰大般涅槃。

善男子！又如醫師有一秘方悉攝一切所有醫術。善男子！如來亦爾，所說種種妙法、祕密深奧藏門，悉皆入此大般涅槃，是故名為大般涅槃。

善男子！譬如農夫，春月下種常有悕望，既收菓實，眾望都息。善男子！一切眾生亦

終究均會歸於大海一樣，此經也是這樣的，會降伏一切煩惱結縛，以及任何魔怨，然後要在大般涅槃放捨其身命，因此稱為大般涅槃。

善男子啊！又比如醫師，有一種秘方，此秘方能將所有的醫術收攝在裡面。善男子！佛陀也是如是，佛陀所說的種種妙法，秘密深奧的藏門，全部都收攝這大般涅槃裡，因此名叫大般涅槃。

善男子啊！譬如農夫，在春天裡播下種子，平常都希望能有好的收成，到了已經收成果實的時候，大家的希望也就息止。善男子啊！一切眾生也

復如是，修學餘經常悕滋味，若得聞是大般涅槃，悕望諸經所有滋味悉皆永斷。是大涅槃能令眾生度諸有流。

同樣，在修學其他經典時常常都想著其中滋味，然而若是得聽聞此大涅槃經時，就會希望其他經典的所有滋味都會統統永遠斷滅無存。因為此大涅槃經能使眾生度脫種種有流（總計為二十五有，因為眾生被無明枷繫生死的鎖，在行為上造了很多的業，所以不能脫離二十五有）。」

第04卷　四相品第七之上

為何凡夫煩惱滅後，又一再地生起煩惱；
佛將煩惱滅後，就不再生煩惱了嗎？

【要義】

四相品第七之上

佛為迦葉說如來常住不變易義。又如來隨順世間神通變化，已於無量劫中成佛，更示現種種色相化眾。

四相品第七之上

「『云何如來為常住法不變易耶？』迦葉！若有人作如是難者，名為邪難。迦葉！汝亦不應作是憶想，謂如來性是滅盡也。迦葉！滅煩惱者，不名為物。何以故？永畢竟故，是故名常，是句寂靜，為無有上。滅盡諸相，無有遺餘，是句鮮白，常住不退。是故涅槃，名曰常住，如來亦爾，常住無變。言星流者，謂煩惱也。散

「『為什麼說如來是常住法、不變易呢？』迦葉！如果有人如此刁難、講到他人無法回答，心已經邪、不正了。迦葉！你也不應這麼想，說如來性（佛陀之本性）是滅盡（如來性不生不滅，不會不見）。迦葉！已經滅煩惱，它就沒有東西，無法命名。為什麼呢？因為永遠究竟之故，所以叫做常，文字來講的話就叫寂靜，已經在常的狀態，沒有比它更高的，所有的相都滅盡，沒有剩餘，用文字來講，我們佛性就恢復到鮮白，永遠都是這個樣子。所以涅槃叫做常住，如來也是常住不變。我們在打鐵，一些紅色的火花鐵屑，就都流到外面，那些

已尋滅莫知所在者，謂諸如來煩惱滅已，不在五趣。是故如來是常住法，無有變易。復次迦葉！諸佛所師，所謂法也，是故如來恭敬供養，以法常故，諸佛亦常。」

「善男子！所言鐵者，名諸凡夫。凡夫之人，雖滅煩惱，滅已復生，故名無常。如來不爾，滅已不生，是故名常。」

流星就是煩惱。鐵屑已經很快散出去，紅色的火花就滅掉了，不知道它掉落到哪裡，就是如來已經煩惱都滅完了、滅光了，都沒有生滅了，那不在五趣（天、人、畜生、地獄、餓鬼。地獄、餓鬼、畜生三者為純惡之所趣，人、天為善惡雜業之所趣，皆屬有漏）。所以如來是常住法、無有變易。另外，迦葉！諸佛的老師就是法，所以如來恭敬供養諸法，因為法常，所以諸佛也常，常住常在。」

「善男子！上面講的打鐵就是鐵屑火花噴出來，這個鐵就是凡夫。凡夫雖然常常在滅煩惱，可是滅了以後，煩惱又會在生出來，不是說滅就不，滅還會在生出來，一直不斷在變化，所以叫無常。」

迦葉復言：「如鐵赤色滅已，還置火中赤色復生。如來若爾，應還生結，若結還生，即是無常。」

佛言：「迦葉！汝今不應作如是言如來無常。何以故？如來是常。善男子！如彼燃木，滅已有灰。煩惱滅已，便有涅槃。壞衣、斬首、破瓶等喻，亦復如是。如是等物，各有名字，名曰壞衣、斬首、破瓶。

迦葉菩薩又說：「鐵已經燒到變紅色，那紅色的鐵把它放著或者浸入水中，那紅色就消失、滅掉，又拿進去火裡面燒，那紅色的又產生出來。好像我們眾生，雖然煩惱都滅掉了，那煩惱又會不斷生出來。假如說如來與眾生一樣的話，那麼應該還會有問題、打結了，這就是無常。」

佛說：「迦葉！你今天不應該說如來是無常的。為什麼呢？因為**如來是常住不滅的**。善男子！如同那燃燒的木材滅了就有灰存在。**煩惱都能夠滅掉了，便有涅槃，進入不生不滅**。壞衣、斬首、破瓶等比喻也是如此。這些東西各有名字，叫作壞衣、斬首、破瓶。迦葉！比如那鐵變冷後還能再熱。**如來不是如此，斷煩惱後，就已經畢竟清涼，煩惱**

迦葉！如鐵冷已，可使還熱。如來不爾，斷煩惱已，畢竟清涼，煩惱熾火，更不復生。迦葉！當知無量眾生猶如彼鐵，我以無漏智慧熾火，燒彼眾生諸煩惱結。」

迦葉復言：「善哉，善哉！我今諦知如來所說，諸佛是常。」

佛言：「迦葉！譬如聖王素在後宮，或時遊觀在於後園，王雖不在諸婇女中，亦不得言聖王命終。善男子！如來亦爾，

的火就不會再次產生。迦葉！要知道無量眾生就像那鐵一樣，我用無漏的智慧，很燄熱的火，燃燒眾生的各種煩惱結，結都燒光，就可以進入如來的本體。」

迦葉菩薩又說：「很好！很好！我現在真正知道如來所說諸佛是常的道理了。」

佛說：「迦葉！比如說，聖王在後宮或是在遊園、在後園，那時王雖然不在那些宮女中，也不可以說那個聖王已經命終了。善男子！如來也是如此，雖然不顯現在我們南贍部洲閻浮提（泛指人世

雖不現於閻浮提界，入涅槃中，不名無常。如來出於無量煩惱，入於涅槃安樂之處，遊諸覺華，歡娛受樂。」

間），已經進入涅槃，不可以說如來是無常。**如來出於無量煩惱，入於涅槃安樂之處，遊行在各種覺悟之花中歡愉受樂。」**

第05卷　四相品第七之下

佛積聚了無量的妙法珍寶，佛還有秘密隱藏嗎？

【要義】

四相品第七之下

一、如來所說實無秘藏，正法具足無缺，如來沒有偏愛，把眾生看作同一個孩子。只因聲聞少慧，為說半字九部經，迨機成熟，便說大乘毗伽羅論，即如來常住不變易說。

二、如來與解脫，乃無二無別。

三、犯了重罪的人能不成佛道，是沒有道理的，一闡提如果盡滅的話，就不能再叫做一闡提了。

四相品第七之下

善男子！譬如有人，多積金銀至無量億，其心慳悋，不肯惠施拯濟貧窮，如是積聚乃名秘藏。如來不爾，於無邊劫積聚無量妙法珍寶，心無慳悋，常以惠施一切眾生，云何當言如來秘藏？

善男子！譬如有人身根不具，或無一目、一手、一足，以羞恥故，不令人見，人不見故，名為秘藏。如來不爾，所

善男子！譬如有人積累了很多金銀財寶，卻非常吝嗇不肯佈施乃至救濟貧窮的人。這樣積聚的行為屬於秘藏。但佛不是如此，**如來在無量無邊的時間中積聚了無量的妙法珍寶，心中從來沒有吝嗇，常常歡喜佈施給一切眾生**，怎麼能說如來有秘藏呢？

善男子！譬如有人身體殘疾，有的缺眼睛，有的缺手缺腳，因為羞恥而不想讓人看見，因為別人看不見所以叫做秘藏。如來不是如此，**所有正法具足無缺，讓人看得見**，如何能說如來秘藏呢？

有正法，具足無缺，令人覩見，云何當言如來祕藏？

善男子！譬如貧人，多負人財，怖畏債主，隱不欲現，故名為藏。如來不爾，不負一切眾生世法，雖負眾生出世之法而亦不藏。何以故？恒於眾生，生一子想，而為演說無上法故。

善男子！譬如長者，多有財寶，唯有一子，心甚愛重，情無捨離，所有珍寶悉用示之。如來亦爾，視諸眾生同於一子。

善男子！譬如貧窮的人欠別人很多錢，因為害怕債主索要而把錢藏起來所以叫做藏。如來不是如此，不欠一切眾生的世間法，雖然欠負眾生的出世之法卻並不藏匿。為什麼呢？因為**常常把眾生看作同一個孩子，為他們演說無上妙法**的緣故。

善男子！譬如長者有很多財寶，只有一個兒子，非常疼愛，不捨不離，將所有的珍寶都展示給兒子。**如來也是如此，將眾生看作相同的孩子，沒有偏愛。**

「世尊，何等名涅槃？」

「善男子！夫涅槃者，名為解脫。」

迦葉復言：「所言解脫，為是色耶？為非色乎？」

佛言：「善男子！或有是色，或非是色。言非色者，即是聲聞緣覺解脫。言是色者，即是諸佛如來解脫。善男子！是故解脫亦色、非色。如來為諸聲聞弟子說為非色。」

「世尊！聲聞緣覺若非色

迦葉菩薩又向佛說：「世尊，什麼叫做涅槃？」（也就是涅槃的真義是甚麼？）

佛陀解釋說：「善男子啊！**所謂涅槃，就是解脫**」。

迦葉說：「所謂解脫，到底是色呢？還是非色呢？」

佛陀說：「善男子啊！有的是色，有的並非色。**所謂非色，就是聲聞、緣覺的解脫，所謂色，就是諸佛如來的解脫**。善男子啊！因此，解脫即為是色又非色。如來為諸聲聞的弟子說的為非色。」

迦葉說：「世尊！聲聞緣覺假若非色的話，怎者，云何得住？」

「善男子！如非想非非想天，亦色非色，我亦說為非色。若人難言：『非想非非想天若非色者，云何得住、去來、進止？』如是之義，諸佛境界，非諸聲聞緣覺所知。解脫亦爾，亦色非色說為非色，亦想非想說為非想，如是之義諸佛境界，非諸聲聞緣覺所知。」

佛讚迦葉：「善哉，善哉！善男子！真解脫者，名曰遠離一切繫縛。若真解脫離諸繫縛，

麼能得安住呢？」

佛陀說：「善男子啊！如非想、非非想天，即亦色、亦非色，我亦說他為非色。假若有人刁難說：『非想、非非想天，假若為非色的話，怎麼能得安住，怎樣得以離去、歸來、進入、停止呢？』這些道理，乃為諸佛的境界，不是諸聲聞緣覺所能得知的。**解脫也是如此，是色又非色，稱之為非色，既是想又非想，稱為非想。**這些道理**為諸佛的境界，不是聲聞緣覺所能知道的事。**」

佛讚嘆迦葉：「很好！很好！善男子！真解脫叫做遠離一切繫縛。如果是**真解脫就能離開所有繫縛，則沒有生也沒有和合。**比如父母結合就會生

則無有生，亦無和合。譬如父母和合生子，真解脫者則不如是，是故解脫名曰不生。迦葉！譬如醍醐其性清淨。如來亦爾，非因父母和合而生，其性清淨。所以示現有父母者，為欲化度諸眾生故。真解脫者即是如來，如來解脫無二無別。

譬如春月下諸種子，得煖氣已尋便出生；真解脫者則不如是。又解脫者名曰虛無，虛無即是解脫，解脫即是如來，如來即是虛無、非作所作。凡

子，真正解脫的人則不是這樣，所以解脫叫做不生。迦葉！比如醍醐的性質清淨。如來也是如此，**不是因為父母和合而產生了如來清淨的性質**。之所以示現有父母是為了化度眾生。真解脫就是如來。**如來與解脫，乃無二無別**。

比如春天種下種子，種子得到溫暖就會發芽。真解脫不是如此。另外，解脫叫做虛無，虛無就是解脫，解脫就是如來。**如來就是虛無，並不是造作而來的**。凡是所作，都好像城牆樓閣一樣無常變易。真解脫不是如此，所以解脫就是如來。

是作者，猶如城郭、樓觀、卻敵；真解脫者則不如是，是故解脫即是如來。

又解脫者即無為法，譬如陶師，作已還破，解脫不爾，真解脫者不生不滅，是故解脫即是如來。如來亦爾，不生不滅、不老不死、不破不壞、非有為法，以是義故，名曰如來入大涅槃。不老不死有何等義？老者名為遷變，髮白麵皺；死者身壞命終。如是等法，解脫中無；以無是事，故

另外，解脫就是無為法，譬如陶瓷工匠作的陶器終會被摔破，解脫不是如此，真解脫是不生不滅的，所以解脫就是如來。如來也是如此不生不滅、不老不死、不破不壞、不是有為法。因此叫做如來入大涅槃。不老不死是什麼意思呢？老就是遷變，如頭髮變白臉上增加皺紋；死就是身體毀壞，生命終結。解脫中沒有這樣的法，因為沒有這些所以叫做解脫。如來也不會有頭髮變白、臉上增加皺紋這樣的有為法。所以**如來沒有老，沒有老，所以沒有死。**

名解脫。如來亦無髮白、面皺、有為之法，是故如來無有老也；無有老故，則無有死。又解脫者名曰無病，所謂病者，四百四病及餘外來侵損身者，是處無故，故名解脫。無疾病者，即真解脫，真解脫者即是如來，如來無病，是故法身亦無有病，如是無病，即是如來。

又解脫者，名曰虛寂，無有不定。不定者，如一闡提究竟不移，犯重禁者不成佛道，無有是處。何以故？是人若於

另外，解脫的人，作為無病，所謂病，有四百零四種病之多，以及其他由外來侵損身體的病因。因為沒有這些事，所以叫做解脫，無疾病者就是真解脫，真解脫就是如來。如來無病，所以法身也沒有病，如**此無病就是如來**。

另外解脫叫做虛寂，沒有不定性的時候。所謂不定，比如**認為一闡提究竟無法轉變，犯了重罪的人能不成佛道，是沒有道理的**。為什麼呢？因為**此人如果在佛的正法中，心中得到淨信，那時就立刻**

佛正法中，心得淨信，爾時即便滅一闡提，若復得作優婆塞者，亦得斷滅於一闡提，犯重禁者滅此罪已，則得成佛。是故若言，畢定不移，不成佛道，無有是處。真解脫中都無如是滅盡之事。又虛寂者墮於法界，如法界性即真解脫，真解脫者即是如來。又一闡提若盡滅者，則不得稱一闡提也。何等名為一闡提耶？一闡提者，斷滅一切諸善根，本心不攀緣一切善法，乃至不生一念之善。真解

消除了一闡提。如果得以成為優婆塞（在家信徒）的話，也能斷滅一闡提罪，**犯重罪的人，滅除此罪後，就能成佛了**。所以如果說確定不會移動改變，不能成佛道，是沒有道理的。真解脫中沒有這些滅盡之事。另外，所謂虛寂，便是墮（融入）於法界裡，依法界之體性，與之相應，即為真解脫，真解脫就是如來。

此外，**一闡提如果盡滅的話，就不能再叫做一闡提了**。什麼叫做一闡提呢？所謂一闡提是指斷滅一切善的根本，識心已不再攀緣一切善法，以至於連一念的善心也不會生起。真正的解脫中沒有這樣的事，因為沒有這些事所以是真解脫，真解脫就是如來。」

脫中都無是事，無是事故，即真解脫，真解脫者即是如來。」

爾時佛讚迦葉菩薩言：「善哉，善哉！善男子！汝今善解甚深難解。如來有時以因緣故，引彼虛空，以喻解脫。如是解脫，即是如來。真解脫者，一切人天無能為匹，而此虛空實非其喻，為化眾生故，以虛空非喻為喻。當知解脫即是如來，如來之性即是解脫，解脫、如來，無二無別。善男子！非喻者，如無比之物不可

這時佛讚嘆迦葉菩薩說道：「很好，很好！善男子啊！你今天明白了非常難以明白的道理。如來有時因各種因緣所以用虛空比喻解脫。那解脫就是如來。一切人、天都不能與真解脫相比，而虛空實在不能與其相比，為了教化眾生所以用虛空這無法相比的名相來比喻。要知道**解脫就是如來，如來的本性就是解脫，解脫與如來無二無別，這不是比喻**。善男子！如果沒有可比的東西就不可以引喻，有因緣才可以引喻。比如經中說面貌端正猶如滿月。白象鮮潔猶如雪山。滿月不可能跟臉相同，雪山也不等同於白象。善男子啊！**不可以將比喻看作**

引喻，有因緣故可得引喻。如經中說，面貌端正猶月盛滿。白象鮮潔，猶如雪山。滿月不得即同於面，雪山不得即是白象。善男子！不可以喻，喻真解脫，為化眾生故作喻耳。以諸譬喻，知諸法性，皆亦如是。」

真正的解脫，只為了教化眾生才作比喻罷了。用各種譬喻讓眾生了解法性，比喻都是如此。」

第06卷　四依品第八

佛是無常變易的嗎？涅槃是無常的還是永恆的？

【要義】

四依品第八

一、佛說明「四依、四不依」，為諸佛弟子應謹記在心：

1. 依法不依人：依佛性，不依說六道輪迴，取法證果之人。
2. 依義不依語：依佛性，不依說畜金銀珍寶販賣求利之人。
3. 依智不依識：依佛性，不依不知佛是法身佛性之人。
4. 依了義經，不依不了義經：依大乘之法，不依聲聞乘法。

二、聲聞乘即為有為法，有為即為無常；如來乃為無為法、常住法，法性就是如來。

三、智者即是如來、如來即是法身，真智是要體悟到如來法身，才是真智。

四依品第八

迦葉菩薩復白佛言：「世尊！善哉，善哉。如來所說真實不虛，我當頂受。譬如金剛，珍寶異物，如佛所說，是諸比丘當依四法。何等為四？依法不依人，依義不依語，依智不依識，依了義經不依不了義經。如是四法，應當證知非四種人。」

佛言：「善男子！依法者，即是如來大般涅槃，一切佛法

迦葉菩薩又對佛說：「世尊！好啊，好啊。如來所說真實不虛，我應當頂禮接受。猶如金剛珍寶稀有之物，就像佛所說，**比丘們應當依四法。哪四法呢？一、依法不依人，二、依義不依語，三、依智不依識，四、依了義經，不依不了義經**。這四法應當證悟了知，辨別是否為上述的四種人。」

佛陀說：「善男子啊！所謂依法，就是如來的大般涅槃，一切佛性，就是法性，此法性就是如

即是法性，是法性者即是如來，是故如來常住不變。若復有言如來無常，是人不知、不見法性。若不知見是法性者，不應依止。如上所說，四人出世護持法者，應當證知而為依止。何以故？是人善解如來微密深奧藏故，能知如來常住不變，若言如來無常變易，無有是處。如是四人即名如來。何以故？是人能解如來密語及能說故。若有人能了知如來甚深密藏，及知如來常住不變，如是之人，

來，所以如來乃為常住不變。**如果說如來為無常的話，那是因為此人不知道法性、看不見法性**。如果不認知識見法性的話，就不應該依止（依存而止住之意。依賴有德、有力的人，跟從學習而不輕言離開）。如上述的四種人出現於世間，就是護持正法的人，就應當證知，而作為依止。為什麼呢？因為這樣的人能夠善解如來的微密深奧，**這樣的人能知如來常住不變，如果會說如來是無常變易的話語，那是絕不會有的事**。這樣的四種人，就叫如來。為什麼呢？因為他們能瞭解如來的密語，也能宣說。如果有人能夠了知如來甚深的密藏，以及了知如來為常住不變之法，這樣的人，如果還會為了以利養身而說如來為無常，那是不可能的事。像這一種人

若為利養說言如來是無常者，無有是處。如是之人尚可依止，何況不依是四人也？依法者即是法性，不依人者即是聲聞，法性者即是如來，聲聞者即是有為，如來者，即是常住，有為者即是無常。善男子！若人破戒為利養故，說言如來無常變易，如是之人所不應依。善男子！是名定義。」

「依義不依語者，義者名曰覺了，覺了義者名不羸劣，不羸劣者名曰滿足，滿足義

尚可以做依止，更何況是四種人，還能不依止嗎？依法就是依法性，不依人就是不依聲聞乘。**法性就是如來，聲聞乘即為有為法，如來乃為常住法，有為即為無常**。善男子啊！假如有人破戒，為得以利養身之故，說什麼如來為無常變易，像這種人，不應該做為依歸。善男子啊！這就是定義。」

「所謂**依義不依語**，義的名叫做覺了，覺了義名叫不羸劣，不羸劣名叫滿足，**滿足之義名叫如來常住不變易，如來常住不變之義就是法常**，法常

者名曰如來常住不變、如來常住不變義者即是法常，法常義者即是僧常，是名依義不依語也。何等語言所不應依？所謂諸論、綺飾文辭。如佛所說無量諸經，貪求無厭，多姦諛諂，詐現親附，現相求利，經理白衣為其執役，又復唱言：『佛聽比丘畜諸奴婢、不淨之物，金銀珍寶、穀米倉庫、牛羊象馬，販賣求利，於飢饉世憐愍子故，聽諸比丘儲貯陳宿，手自作食，不受而噉。』如是等語所不應依。」

之義就是僧常，這就是依義不依語。然而到底**那些語言不可依呢？所謂諸論當中帶有綺飾的文辭語言**的。如藉佛陀所說的無量諸經，因貪求無厭，多奸巧諂諛他人，詐騙他人親近依附，而現花樣，以求多利，經理白衣（白衣為在家人。身為僧人，沒有具備正見、行於正道，反而以世俗法、墮落法引導在家信眾，令長養惡法，使他們累世辛苦栽培來清淨的信心染汙破壞掉，過失甚為嚴重，在菩薩戒稱為「經理白衣」）為他們做事。又說：『佛陀聽許比丘，可以畜諸奴婢等不淨之物，可以販賣金銀珍寶，穀米倉庫，牛羊象馬等，求財求利之事。說在於饑饉的世代裡，為了憐憫大家，聽任比丘們儲貯食物，親自下廚炊食，不再接受供養而食。像這些語言，都不應該依止。」

「依智不依識者，所言智者即是如來。若有聲聞，不能善知如來功德，如是之識不應依止。若知如來即是法身，如是真智所應依止。若見如來方便之身，言是陰界諸入所攝，食所長養，亦不應依，是故知識不可依止。若復有人作是說者，及其經書亦不應依。」

「所謂**依智不依識**，智就是如來，假如有聲聞，不能善知如來的功德，即這種淺劣的識見，是不應依止的。假如**了知如來即是法身**的話，即這種**真智是應該依止**的。如果看見如來方便之身，而說什麼『**陰界諸入**（「陰」就是五陰，也就是色受想行識五蘊。「界」是種類義；我們的生命體是由十八種法—六識、六根、六境所組成，即十八界也。「諸入」：眼耳鼻舌身意內六入，加上色聲香味觸法外六入，就是十二入。「入」是我們所有分別的資料，都從六根得來；六根到六塵上虛妄分別，能得到很多消息，所以叫作「諸入」。）所收攝，由飲食所生長養育』的話，則不應該依止。因此，即知就是**識，不可以依止**。假如有人作如上之說，即和其所用的經書，都不應該依止。」

「依了義經，不依不了義經。不了義經者，謂聲聞乘，聞佛如來深密藏處，悉生疑怪，不知是藏出大智海，猶如嬰兒無所別知，是則名為不了義也。」

「了義者名為菩薩，真實智慧隨於自心，無礙大智，猶如大人無所不知，是名了義。又聲聞乘名不了義；無上大乘乃名了義。若言如來無常變易名不了義；若言如來常住不變是名了義。聲聞所說應證知者

「**依了義經，不依不了義經**。**不了義經就是聲聞乘**，此乘聽到如來深密藏處，即會生起疑惑怪異的心念。並不知道此深密之藏，出自於大智慧海，就像嬰兒一般沒有能力分辨事情，這就是不了義。」

「**了義就是菩薩**，真實智慧隨著菩薩的自心，無礙的大智就像成人一樣，能夠了知一切事物，這就叫做了義。此外，**聲聞乘叫做不了義**，無上大乘才叫做了義。**假若說如來為無常變易之法的話，就叫不了義；如果說如來為常住不變易的話，就叫了義。聲聞所說的應證知就是不了義；**菩薩所說應該證知的是不了義。假如說如來為飲食物所生長養育

名不了義；菩薩所說應證知者名為了義。若言如來食所長養，是不了義；若言常住不變易者，是名了義。若言如來入於涅槃，如薪盡火滅，名不了義；若言如來入法性者，是名了義。聲聞乘法則不應依。何以故？如來為欲度眾生故，以方便力說聲聞乘，猶如長者教子半字。善男子！聲聞乘者猶如初耕，未得果實，如是名為不了義也，是故不應依聲聞乘。大乘之法則應依止。何以故？如來為欲

的話，就是不了義；**如果說如來為常住不變易，就是了義**。假若說如來之入於涅槃，有如薪盡火滅一樣的話，就是不了義，**如果說如來入法性，就叫了義**。**聲聞乘之法，則不應依止**。為什麼？因為**如來為了度眾生之故，用方便力，而講說聲聞乘**的。就像上述長者教孩子，首先以半字教他一樣。善男子啊！聲聞乘乃如種田之初耕，還未得到果實一樣，這叫不了義，因此，不應該依止聲聞乘。大乘之法則應該依止。為什麼呢？**因為如來欲度眾生，故用方便力闡述大乘**，因此，大乘應該依止，這就叫了義。如此四依，應當證知。」

度眾生故，以方便力說於大乘，是故應依，是名了義。如是四依應當證知。」

「復次依義者，義名質直，質直者名曰光明，光明者名不羸劣，不羸劣者名曰如來。又光明者名為智慧，質直者名為常住，如來常者名為依法，法者名常，亦名無邊、不可思議、不可執持、不可繫縛而亦可見；若有說言不可見者，如是之人所不應依，是故依法不依於人。若有人以微妙之語，宣說無常，如是之言所不應依，

「另外，所謂依義是什麼？義叫做質直。質直叫做光明，光明叫做不羸劣。不羸劣叫做如來。另外，光明叫做智慧，質直叫做常住，如來常住叫做依法，法叫做常，又叫無邊，不可思議、不可執持、不可繫縛，然而也可以見得。如果有人說其不可見，那樣的人不應依止。所以**依法不依於人**。如果有人用巧妙之語宣說無常，這樣的言語不應依止，所以**依義不依於語**。所謂依智，比如眾僧是常，是無為不變易，不畜積八種不淨之物（八不淨者：金、銀、奴婢、牛、羊、倉庫及販賣、耕種），所

是故依義不依於語。依智者，眾僧是常，無為不變，不畜八種不淨之物，是故依智不依於識。若有說言，識作識受，無和合僧。何以故？夫和合者名無所有，無所有者云何言常？是故此識不可依止。依了義者，了義者名為知足，終不詐現威儀清白、憍慢自高，貪求利養，亦於如來隨宜方便所說法中不生執著，是名了義。若有能住如是等中，當知是人，則為已得住第一義，是故名為依了義經。」

以依智不依於識。如果有人說，識自作，識自受，並沒有和合僧。為什麼？因為**和合就是無所有，既然無所有，如何說常呢？所以此識不可依止**。所謂依了義，了義叫做知足，永不假裝威儀清白，不憍慢、自高、貪求利養，又在如來隨宜方便所說之法中不生起執著心，叫做了義。若有人能安住這些法中，**那麼這樣的人則已得安住於第一義了，所以叫做依了義經。**」

「不依不了義，不了義者如經中說，一切燒燃、一切無常、一切皆苦、一切皆空、一切無我，是名不了義。何以故？以不能了如是義故，令諸眾生墮阿鼻獄。所以者何？以取著故，於義不了。一切燒者，謂如來說涅槃亦燒；一切無常者，涅槃亦無常；苦空無我，亦復如是。是故名為不了義經，不應依止。」

「所謂不依不了義，不了義如經中所說。**一切燒燃**（生老病死、憂悲惱苦火燃燒）、**一切無常**、**一切皆苦**、**一切皆空**、**一切無我**，**都是不了義**。因為不能了知上述之真義之故，使諸眾生們錯誤修習而墮入於阿鼻地獄（算不盡的苦處）。因為不能了達如此義，令眾生墮阿鼻地獄。為什麼呢？因為執著心強，對於了義法就不能了知。執著一切燒的認為如來涅槃也是燒；執著一切無常的人認為涅槃也無常；其餘苦空無我的也是如此。所以不了義經不應依止。而所謂一切燒，就是說如來也說涅槃也如火之燃燒；**執著一切無常的人**，**認為涅槃也是無常**；至於一切皆苦、一切皆空、一切無我，也是如此。因此**不了義經**，**是不應依止的**。」

第07卷　邪正品第九
四諦品第十
四倒品第十一

佛是無常變易的嗎？涅槃是無常的還是永恆的？

【要義】

邪正品第九

佛為迦葉菩薩說明佛法非波旬所能破壞。佛陀流淚，一為憐憫魔王及其徒眾，必墮地獄，受無量苦。二為憐憫眾生愚癡，不辨正邪，斷送聞法機緣。

四諦品第十

佛為迦葉菩薩說明修習甚深四聖諦法。

四倒品第十一

佛宣說無常、苦、空、無我，了知常、樂、我、淨，離四顛倒：①將苦認為是樂，以樂認為是苦，②以無常認為是常，以常認為是無常，③將無我認為是我，將我認為是無我，④以不淨認為是淨，以淨認為是不淨，像此四種，即是顛倒之法。佛普為眾生示現覺性的寶藏，亦即佛性。眾生不知有我、我是常、我之真性，是因一切眾生所有的佛性，都被諸煩惱所覆蔽之事，雖有卻不能見知。

四諦品第十

「道聖諦者，所謂佛、法、僧寶及正解脫。有諸眾生顛倒心言：『無佛、法、僧及正解脫，生死流轉猶如幻化。』修習是見，以此因緣，輪轉三有，久受大苦。若能發心見於如來常住無變，法、僧解脫亦復如是。乘此一念，於無量世，自在果報隨意而得。何以故？我於往昔，以四倒故，非法計法，受於無量惡業果報，我今已滅

「所謂道聖諦就是佛法僧三寶以及正解脫。眾生有顛倒心而說：『沒有佛法僧和正解脫，受生死流轉好像夢幻。』因修習此見，輪轉在三有（三界：欲界、色界、無色界）之中，長久承受巨大的痛苦。如果能發心明白如來常住不變，法、僧、解脫也是如此。因此一念在無量世中自在的果報，隨意就可以得到。為什麼呢？我在往昔，因為四顛倒的緣故，把非法看作法，而受無量惡業的果報。我今已消滅那些知見而成佛正覺。這叫做道聖諦。如果有人說三寶無常，修習此見則是虛妄修，不是道聖諦。如果修此法為常住的就是我的弟子。持正見

如是見故，成佛正覺。是名道聖諦。若有人言三寶無常，修習是見，是虛妄修，非道聖諦。若修是法，為常住者，是我弟子。真見修習四聖諦法，是名四聖諦。」

四倒品第十一

佛告迦葉：「善男子！謂四倒者，於非苦中生於苦想，名曰顛倒。非苦者名為如來，生苦想者，謂於如來無常變異。若說如來是無常者，名大罪苦。

修習四聖諦法就叫做四聖諦。」

佛告訴迦葉：「善男子！什麼是四倒呢？在非苦中認為是苦，叫做顛倒。非苦就是如來。認為是苦，即說如來無常變異。如果說如來是無常，可稱得上大罪之苦。

如來無常即為是苦，若是苦者，云何生樂？以於苦中生樂想故，名為顛倒。樂生苦想，名為顛倒。樂者即是如來，苦者如來無常。若說如來是無常者，是名樂中生於苦想。如來常住，是名為樂。

若我說言：『如來是常，云何復得入於涅槃？若言如來非是苦者，云何捨身而取滅度？』以於樂中生苦想故。名為顛倒，是名初倒。

無常、常想，常、無常想，是名顛倒。無常者名不修空，

如來無常就是苦，如果這是苦，又怎麼能快樂？因為在苦中生起快樂的感覺所以叫做顛倒。樂生苦想也叫作顛倒。樂就是如來，苦就是如來無常。如果說如來是無常，就叫做在樂中生起苦的感覺。如來常住就是至樂。

如果我說『如來是常，如果又要進入涅槃？如果說如來不是苦，為何要捨身而取滅度？』像這樣**因為在樂中而感覺苦所以叫做顛倒，這是初倒。**

將無常認為是常，將常認為無常，叫做顛倒。無常叫做不修空，不修空所以壽命短促。**如果說不**

不修空故，壽命短促。若有說言不修空寂得長壽者，是名顛倒，是名第二顛倒。

無我、我想，我、無我想，是名顛倒。世間之人，亦說有我；佛法之中，亦說有我；世間之人雖說有我，無有佛性；是則名為於無我中而生我想，是名顛倒。佛法有我，即是佛性；世間之人說佛法無我，是名我中生無我想。若言佛法必定無我，是故如來勑諸弟子，修習無我，名為顛倒，是名第三顛倒。

修空寂能得長壽就是顛倒，這是第二顛倒。

將無我認為我，將我認為無我是顛倒。世間人說有我，佛法之中也說有我。**世間人雖說有我，**這**個我卻沒有佛性。這是在無我中而認為有我。**這是顛倒。**佛法中的我就是佛性；世間人說佛法中無我，則是在我中認為無我。**如果說佛法必定無我，所以如來讓弟子修習無我，叫做第三顛倒。

淨不淨想，不淨淨想，是名顛倒。淨者即是如來常住，非雜食身、非煩惱身、非是肉身、非是筋骨繫縛之身。若有說言：『如來無常，是雜食身、乃至筋骨繫縛之身。法、僧、解脫是滅盡者。』是名顛倒。不淨淨想名顛倒者，若有說言：『我此身中無有一法是不淨者，以無不淨，定當得入清淨之處。如來所說修不淨觀，如是之言是虛妄說。』是名顛倒，是則名為第四顛倒。」

將淨認為不淨，不淨認為淨，叫做顛倒。淨就是如來常住的佛性本體，不是雜食身（不用吃飯，雜食就是要吃飯）、不是煩惱身、不是肉身，不是由筋骨組成的身體。如果有人說：『如來無常是雜食之身，或者筋骨構成的身體。法僧解脫都是滅盡。』就是顛倒。不淨認為淨，叫做顛倒，如果有人說：『我的身體中沒有一樣是不淨的，因為沒有不淨一定能進入清淨之處。如來所說的修不淨觀，這是虛妄的說法。』這叫做第四顛倒。」

第08卷　如來性品第十二
文字品第十三
鳥喻品第十四

如果我是常的話，應該住在何處？
雖說有我又不知我的真性，能算是解脫嗎？

【要義】

如來性品第十二

因為迦葉菩薩已經成就了深利的智慧，所以佛為他開示如來藏法門。其中佛舉貧女金藏喻，塗乳洗乳喻，力士額珠喻，雪山樂味藥喻、二三指之喻、見性少分喻、夢語刀刀喻、二鳥雙遊喻、月無出沒半滿喻、日出三時長短喻等種種譬喻以說明。

以乳酪、醍醐出生的譬喻，以及明與無明無二無別的說法，乃至說到「雪山有草名曰肥膩，牛若食者純得醍醐」，雪山上有一種香草，草名為「肥膩」，此草周圍均無雜草，白牛食了以後，其奶水能製出如醍醐般香醇。香草（肥膩）喻為大乘法門，白牛喻為戒定慧，醍醐喻為最上乘法門。眾生想要吃到雪山叫肥膩的草，首先必須去除性障，否則煩惱覆心，是見不到佛性的。

文字品第十三

說明文字種種的意義，闡揚佛性清淨並不是由此字義的功德而成，不藉字義，佛性本來就是清淨的。

鳥喻品第十四

佛說有二種鳥同遊而不相離，以此譬喻常與無常、苦與樂、空與不空等事理二法，常相即而不離。

如來性品第十二

迦葉菩薩白佛言：「若我常者，則不應有少、壯、老等衰盛力勢，憶念往事。若我常者，止住何處？為在涕唾、青黃赤白諸色中耶？若我常者，應遍身中如胡麻油，間無空處。若斷身時，我亦應斷。」

佛告迦葉：「善男子！譬如王家有大力士，其人眉間有金剛珠，與餘力士較力相撲，而彼力士以頭抵觸其額上，珠

迦葉菩薩對佛說：「如果我是常的話，應該住在何處？在涕唾裡呢？還是在青黃赤白的諸色中相當中嗎？如果我是常應遍佈全身，如同胡麻油沒有空隙。如果身體破損，我也應一同破損。」

佛告訴迦葉：「善男子！譬如國王的家裡，有一位大力士，此人的眉間有粒金剛珠，與其它力士角力較量時，對方的頭碰到他的額上，寶珠就陷沒入在皮膚中，人們不知道找不到寶珠。力士額頭那

尋沒膚中，都不自知是珠所在。其處有瘡，即命良醫欲自療治。時有明醫善知方藥，即知是瘡因珠入體，是珠入皮，即便停住。是時良醫尋問力士：『卿額上珠為何所在？』力士驚答：『大師醫王，我額上珠乃無去耶？是珠今者為何所在？將非幻化？』憂愁啼哭。是時良醫慰喻力士：『汝今不應生大愁苦，汝因鬪時，寶珠入體，今在皮裏，影現於外。汝曹鬪時，瞋恚毒盛，珠陷入體，故

裡長了瘡就讓良醫來治。有明醫知道瘡是因為寶珠進入身體而成。於是良醫尋問力士：『你額上的寶珠到哪裡去了呢？』力士驚答：『大師醫王，我額上寶珠丟了，此珠現在到底在甚麼地方呢？難道幻化了嗎？』於是憂愁而啼哭起來。這時良醫勸慰力士：『你不要愁苦，你因為和他人打鬥時，寶珠陷入你的身體，現在在皮膚裡面，卻表現在外面。你在爭鬥時，因嗔恚的毒熾盛，所以寶珠陷入身體而不自知。』力士不相信醫生的話。就這麼說：『假如珠在皮膚裡的話，不就應該可以看見嗎？你現在為甚麼要騙我呢？』這時醫師就拿一面鏡子，以照患者之面，珠在鏡中很明顯地現出來。力士一看，其心裡很驚怪，而認為奇特。

不自知。』是時力士不信醫言：『若在皮裏，膿血不淨，何緣不出？若在筋裏，不應可見。汝今云何欺誑於我？』時醫執鏡，以照其面，珠在鏡中，明瞭顯現。力士見已，心懷驚怪，生奇特想。

善男子！一切眾生亦復如是，不能親近善知識故，雖有佛性皆不能見，而為貪婬、瞋恚愚癡之所覆蔽故，墮地獄、畜生、餓鬼、阿修羅，旃陀羅、剎利、婆羅門、毘舍、首陀，

善男子！**一切眾生也是這樣，因為不能親近善知識，雖有佛性皆不能顯現得見，而被貪淫、嗔恚愚癡之所覆蔽**，墮落地獄、畜生、餓鬼、阿修羅、旃陀羅、剎利、婆羅門、毗舍首陀，轉生在這些種種家中，因心所起的種種業緣，雖受人身卻有各種殘疾，在二十五有中受各種果報，貪淫嗔恚愚癡

生如是等種種家中，因心所起種種業緣，雖受人身，聾盲、瘖瘂、拘躄癃跛，於二十五有受諸果報，貪婬瞋恚愚癡覆心，不知佛性。如彼力士，寶珠在體，謂呼失去。眾生亦爾，不知親近善知識故，不識如來微密寶藏，修學無我，喻如非聖。雖說有我，亦復不知我之真性。我諸弟子亦復如是，不知親近善知識故，修學無我，亦復不知無我之處，尚自不知無我真性，況復能知有我真性？善男子！如來如是說諸眾生皆有佛

覆蓋了心而不知佛性。如那力士寶珠在體內卻說丟失一樣。**眾生也是如此，不知道親近善知識，不知如來微密寶藏，而修學無我**，如同不是聖人一樣。**雖說有我又不知我的真性**。我的弟子也是如此，不知道親近善知識，所以修學無我卻不知無我之處，尚且不知無我的真性，何況能知有我的真性？善男子！如來說諸眾生皆有佛性。如同良醫告訴力士金剛寶珠一樣。眾生被無量億煩惱所覆蔽而不識佛性，但是假如滅盡煩惱的話，也就能證知明瞭佛性。如同力士在明鏡中看見寶珠一樣。善男子！如來秘藏，是如此的無量不可思議啊。」

性，喻如良醫，示彼力士金剛寶珠。是諸眾生為諸無量億煩惱等之所覆蔽，不識佛性，若盡煩惱，爾時乃得證知了了，如彼力士於明鏡中，見其寶珠。善男子！如來祕藏如是無量不可思議。」

爾時佛告迦葉菩薩：「善男子！汝今不應如諸聲聞、凡夫之人，分別三寶；於此大乘無有三歸分別之相。所以者何？於佛性中，即有法、僧，為欲化度聲聞凡夫故，分別說

這時佛告訴迦葉菩薩：「善男子！你不應該像那些聲聞凡夫之人一樣在大乘法中分別三寶，大乘中沒有三歸分別之相。為什麼呢？在佛性中即有法、僧，為了要化度聲聞凡夫所以分別解說了三歸的不同之相。善男子！如果要隨順世間法則應分別有三歸依。

三歸異相。善男子！若欲隨順世間法者，則應分別有三歸依。

若有分別三歸依者，我當為作一歸依處，無三差別。於生盲眾，為作眼目，復當為諸聲聞、緣覺作真歸處。」

爾時佛讚迦葉菩薩：「善哉，善哉！善男子！汝已成就深利智慧，我今當更善為汝說，入如來藏。若我住者即是常法，不離於苦；若無我者，修行淨行，無所利益。若言諸法皆無有我，是即斷見；若言我住即

如果有人分別三歸依，我要為他們作一歸依處，沒有三種差別。為盲目的眾生做他們的眼目引導他們，又要為諸聲聞、緣覺作真正歸依之處，能夠歸到上乘。」

這時佛贊迦葉菩薩：「很好！很好！善男子！你已成就深刻堅固的智慧。我要更完善地為你解說，深入如來藏。假如我是住的那就是常法，不能離苦；**假如是無我，那麼修行淨行也就無人能受益；如果說諸法都無我，就是斷見；如果說我是住的，就是常見**。如果說一切行法無常即是斷見；說諸行皆常又是常見。如果說苦即是斷見；如果說樂

是常見。若言一切行無常者，即是斷見；諸行常者復是常見。若言苦者即是斷見；若言樂者復是常見。修一切法常者墮於斷見，修一切法斷者墮於常見。如步屈蟲，要因前腳得移後足，修常斷者，亦復如是，要因斷常。以是義故，修餘法苦者，皆名不善；修餘法樂者，則名為善。修餘法無我者是諸煩惱分；修餘法常者是則名曰如來祕藏，所謂涅槃，無有窟宅。修餘無常法者，即是財物；

又是常見。修行一切法皆常的人墮於斷見，修行一切法斷滅的人又墮於常見。就像步屈蟲一樣依靠移動前腳，才能移動後腳（步蛐，昆蟲名，尺蠖的別稱。有四隻腳，前面兩隻腳伸出去以後，後面兩隻腳收回來，要因前足然後移後足，不能四隻腳同時走，就是要兩腳、兩腳，重複這樣動作）。修常見和斷見的人也是如此，**斷和常是互相依存的，所以修於苦法都是不善的**，修於樂法則叫作善。修無我法的是增添煩惱；修常法是則名曰如來秘藏。所謂涅槃是沒有洞窟房宅的。修於無常法，就是財物，修於常法就是佛法僧三歸和正解脫。要知道**佛法是中道，遠離二邊而說真法**。凡夫愚人卻對二邊法沒有懷疑，好像羸弱的病人吃了酥後就有了氣力，有

修餘常法者，謂佛、法、僧及正解脫。當知如是佛法中道，遠離二邊而說真法。凡夫愚人於中無疑，如羸病人服食酥已，氣力輕便。有無之法，體性不定，譬如四大，其性不同，各相違反。良醫善知，隨其偏發而消息之。善男子！如來亦爾，於諸眾生猶如良醫，知諸煩惱體相差別而為除斷，開示如來祕密之藏，清淨佛性常住不變。

無之法體性不定，如同四大的性質不同，互相違反。良醫瞭解其中的道理按照病人的偏頗而治療。善男子！如來也一樣，對眾生而言猶如良醫，明白煩惱的體相差別而為眾生除斷煩惱，開示**如來秘密的寶藏，清淨佛性是常住不變的**。

若言有者，智不應染；若言無者，即是妄語。若言有者，不應默然，亦復不應戲論諍訟，但求了知諸法真性，凡夫之人戲論諍訟，不解如來微密藏故。若說於苦，愚人便謂身是無常，說一切苦，復不能知身有樂性。若說無常者，凡夫之人計一切身皆是無常，譬如瓦壞；有智之人，應當分別，不應盡言一切無常。何以故？我身即有佛性種子。若說無我，凡夫當謂一切佛法悉無有我；智者應當

如果說有，有智慧的人不應染著；如果說無，就是說妄語。如果有人說有，不要默認，也不要爭論，說無法使人趨向解脫的世間言論，只為了要透徹地了知所有萬法的真性。凡夫只知道爭論，說無法使人趨向解脫的世間言論，不能瞭解如來甚深密藏。如果給他說苦，愚人就認為身是無常。給他說一切皆苦，他又不能知道身中有樂性。如果給他說無常，凡夫就認為一切身都是無常，好像瓦一樣會毀壞。有智慧的人應當分別，不應當盡言一切無常。為什麼呢？因為我身即有佛性種子。如果說無我，凡夫就認為一切佛法也是無我的。**智者應當分別無我是假名，不是真正的無我**，瞭解這個道理就不要懷疑。

分別無我假名不實。如是知已，不應生疑。若言如來祕藏空寂，凡夫聞之，生斷滅見；有智之人應當分別，如來是常、無有變易。若言解脫喻如幻化，凡夫當謂得解脫者即是磨滅；有智之人應當分別，人中師子雖有去來，常住無變。若言無明因緣諸行，凡夫之人聞已分別，生二法想，明與無明；智者了達其性無二，無二之性即是實性。若言諸行因緣識者，凡夫謂二，行之與識；智者了達其

如果說如來秘藏是空寂的，凡夫聽到後就生出斷滅見。有智慧的人應當分辨如來是常，不會有所改變移易。如果說解脫猶如幻化一樣，凡夫就認為得到解脫就是磨滅；**有智慧的人應當分辨人中獅子雖然表面上有去有來，實際上卻是常住不變的。**如果說無明緣行（見十二因緣），**凡夫聽了就生出二法想——明與無明；智者要明白明與無明本性是無二無別的，無二之性就是實性。**如果說行緣識凡夫就認為行之識是兩回事，智者要明白兩者其性無二，無二之性即是實性。如果說十善十惡，什麼可作什麼不可作，善道、惡道、白法、黑法。凡夫就認為這些都是二，智者要了達其性無二，無二之性即是實性。如果說應修一切法苦，凡夫就認為是

性無二，無二之性即是實性。若言十善十惡、可作不可作、善道惡道、白法黑法，凡夫謂二；智者了達，其性無二，無二之性即是實性。若言應修一切法苦，凡夫謂二；智者了達，其性無二，無二之性即是實性。若言一切行無常者，如來祕藏亦是無常，凡夫謂二；智者了達，其性無二，無二之性即是實性。若言一切法無我，如來祕藏亦無有我，凡夫謂二；智者了達其性無二，無二之性即是實性，我與無我，性無有二。

二，智者要了達其性無二，無二之性即是實性。如果說一切行都是無常，如來祕藏也是無常。**凡夫認為兩者是二；智者要了達其性無二，無二之性即是實性**，如果說一切法無我，如來祕藏也無我，凡夫認為兩者是二；智者要了達其性無二，無二之性即是實性，**我與無我本性並不是兩回事。**」

迦葉菩薩白佛言：「世尊！如佛所說，乳中有酪，是義云何？世尊！若言乳中定有酪相，以微細故不可見者，云何說言從乳因緣而生於酪？法若本無則名為生，如其已有云何言生？若言乳中定有酪相，百草之中亦應有乳，如是乳中亦應有草；若言乳中定無酪者，云何因乳而得生酪？若法本無，而後生者，何故乳中不生於草？」

迦葉菩薩對佛說：「世尊！如佛所說的乳中有酪，是什麼意思呢？世尊！如果說乳中必定有酪相，因為太微細而不可見，為何說是因乳的因緣而生酪呢？道理上來說，如果本來還沒有，後來出現才叫做新生出來的，如果本來就有，為什麼能說出生呢？如果說乳中必定有酪相，那麼百草之中也應該有乳才對，乳中也應該有草。如果說乳中必定無酪，如何因乳而生酪呢。如果道理上講本來沒有而後能產生，為何乳中不會生草呢？」

「善男子！不可定言乳中有酪、乳中無酪，亦不可說從他而生。若言乳中定有酪者，云何而得體味各異？是故不可說言乳中定有酪性。若言乳中定無酪者，乳中何故不生兔角？置毒乳中，酪則殺人，是故不可說言乳中定無酪性？若言是酪從他生者，何故水中不生於酪？是故不可說言酪從他生。善男子！是牛食噉草因緣故，血則變白，草血滅已，眾生福力變而成乳。是乳雖從草血而

佛陀回答說：「善男子！不能簡單地說乳中有酪，或者乳中無酪，也不可說從別處而生。如果說乳中必定有酪，為何會各有不同的味道？所以不可說乳中定有酪性。如果說乳中必定沒有酪的話，則乳中為何不生兔角呢？放到毒乳中酪就能殺人。所以不可說乳中必定沒有酪性。如果說酪從別處生出來的話，為何水中不能生出酪來？所以不可說酪從其他物體所生的。善男子！是因為牛食草的因緣，其血就會變白，草血滅後，由於眾生之福力，而變成為乳。**此乳雖從草和血而出但不能說二，只能叫作從因緣生**。酪至醍醐也是如此，所以叫做牛味。是乳滅後因緣成酪。甚麼因緣呢？如將乳醪（攪），或將乳燒煖，所以叫做從因緣有。乃至醍醐，也是

出，不得言二，唯得名為從因緣生。酪至醍醐亦復如是，以是義故，得名牛味。是乳滅已，因緣成酪。何等因緣？若酢、若煖。是故得名，從因緣有。乃至醍醐亦復如是，是故不得定言乳中無有酪相。從他生者，離乳而有，無有是處。善男子！明與無明亦復如是，若與煩惱諸結俱者，名為無明。若與一切善法俱者，名之為明。是故我言無有二相。以是因緣我先說言，雪山有草名曰肥膩，牛若食者即成醍醐，佛性亦爾。」

如此。因緣就是酢或者暖。所以叫做從因緣有，乃至醍醐也是如此。所以不能簡單說乳中沒有酪相。從別處生不依靠乳而有，是沒有道理的。善男子！明與無明，也是如此，如果與煩惱諸結在一起，就叫做無明。如果與一切善法在一起就叫做明。所以我說沒有二相。由於此種因緣，我先說**雪山（喜馬拉雅山）有草名曰肥膩，牛吃了就能產醍醐，佛性也是如此。**」

「善男子！眾生薄福不見是草。佛性亦爾，煩惱覆故，眾生不見。譬如大海，雖同一醎，其中亦有上妙之水，味同於乳。喻如雪山，雖復成就種種功德，多生諸藥，亦有毒草。諸眾生身亦復如是，雖有四大毒蛇之種，其中亦有妙藥大王，所謂佛性。非是作法，但為煩惱客塵所覆，若刹利、婆羅門、毘舍、首陀，能斷除者，即見佛性成無上道。」

「善男子啊！眾生因為薄福的緣故，不能覓見這種草。佛性也是如此，都被煩惱覆蔽，眾生不能見。就好像大海水一樣，海水雖然都是鹹的，但是其中也有上妙之水在裡面，水的滋味和乳類似。就好像雪山，雖然能成就種種的功德，而產生多類的藥草，但是也產生有毒之草。**諸眾生的身體也是如此，雖然有四大毒蛇之種，然而其中也有妙藥大王之潛在，就是佛性**。這並不是作法（作用）而成的，只是**被煩惱客塵所遮蔽**。不管是刹帝利、婆羅門，或者是毘舍、首陀羅，**如果能斷除此煩惱的話，就能徹見佛性而成就無上道**。」

文字品第十三

「眾生佛性則不如是假於文字然後清淨。何以故？性本淨故。雖復處在陰界入中，則不同於陰入界也，是故眾生悉應歸依諸菩薩等，以佛性故等視眾生無有差別，是故半字於諸經書、記論文章，而為根本。又半字義，皆是煩惱言說之本，故名半字。滿字者乃是一切善法言說之根本也，譬如世間，為惡之者名為半人，修善之者

「至於眾生的佛性，則不像這樣的假藉文字，然後得以清淨的。為甚麼呢？因為性本來就清淨，雖然處在五陰、十二入、十八界裡，但是卻不同於陰、入、界。所以眾生都應歸依諸菩薩，因佛性所以平等對待眾生，沒有差別，所以半字對於種種的經書、記論、文章是根本。另外，半字之義，都是煩惱言說之本，所以叫半字。滿字是一切善法言說之根本。比如世間的人，作惡作毒的人叫做半人，修善行的人叫做滿人。**一切經書、記論等，都因半字而為根本的**。如果說如來及正解脫入於半字，是不對的。為甚麼呢？因為**如來、正解脫，是離於**

名為滿人。如是一切經書記論，皆因半字而為根本。若言如來及正解脫，入於半字，是事不然。何以故？離文字故，是故如來於一切法，無礙無著真得解脫。何等名為解了字義？有知如來出現於世，能滅半字，是故名為解了字義。若有隨逐半字義者，是人不知如來之性。何等名為無字義也？親近修習不善法者，是名無字。又無字者雖能親近修習善法，不知如來常與無常、恒與非恒，及法

文字的。所以如來對於一切法無礙無著，是真正得到解脫。甚麼叫做解了字義呢？因為如來善能出現於世，能夠滅盡半字（不圓滿的法），所以叫做解了字義。如果**有人隨逐半字之義，則這人不知如來之性**。甚麼叫做無字之義呢？**如親近修習於不善之法，叫做無字**。另外，無字者，雖能親近修習善法，但卻**不知如來為常、無常，為恆、非恆，以及法僧二寶之律與非律，經與非經，魔說、佛說，如果不能分別這些的話，就叫做隨逐於無字之義**。我現在已經說如是隨逐無字之義。善男子啊！所以你應該要離開半字，而善於瞭解滿字。」

僧二寶、律與非律、經與非經、魔說佛說，若有不能如是分別，是名隨逐無字義也。我今已說如是隨逐無字之義，善男子！是故汝今應離半字，善解滿字。」

鳥喻品第十四

爾時，佛告迦葉菩薩：「善男子！鳥有二種，一名迦隣提、二名鴛鴦，遊止共俱，不相捨離。是苦、無常、無我等法亦復如是，不得相離。」

佛對迦葉說：「善男子啊！鳥有二種類。一是迦鄰提（好聲鳥），二是鴛鴦。牠們都是遊止共俱（雙雙對對，寸步不離），是不曾相互捨離的。不管是苦與無常，以及無我等法，也是如此，也是不會相互捨離的。」

迦葉菩薩白佛言：「世尊！云何是苦、無常、無我如彼鴛鴦、迦隣提鳥？」

佛言：「善男子！異法是苦、異法是樂，異法是常、異法無常，異法是我、異法無我。譬如稻米異於麻、麥，麻、麥，復異豆、粟、甘蔗。如是諸種，從其萌芽，乃至花、葉皆是無常。菓實成熟，人受用時，乃名為常。何以故？性真實故。」

迦葉菩薩請問佛陀說：「世尊！甚麼叫做苦、無常、無我，有如那鴛鴦及那迦鄰提鳥之雙雙對對呢？」

佛陀說：「善男子啊！異法（不同之法）就是苦，異法就是樂。異法就是常，異法就是無常。異法就是我，異法就是無我。比如稻米之異於麻麥，麻麥又異於豆粟、甘蔗。像這種種穀物，從萌芽到結為花葉，均是無常。到了果實成熟，人們在受用之時，就叫做常。為甚麼呢？因為本性是真實的緣故。」

第09卷　月喻品第十五
菩薩品第十六

如來的本性其實沒有涅槃，
為何眾生說如來已經確實涅槃？
如來的本性真實沒有生滅，
為何要示現生滅？

【要義】

月喻品第十五

如來已經確實涅槃，不在娑婆世界，而如來的本性實際上並沒有涅槃，就好像月亮之沒入一樣，隨處示現形相，如來的佛性回歸到本處原來地方所在，我們的佛性也是一樣。如來的本性並沒有生滅，因為要化度眾生之故，才示現有生滅。

菩薩品第十六

佛為迦葉說諸佛、菩薩、聲聞、緣覺同一佛性無差別等義。三乘同一佛性，猶如乳相是因業力因緣所致。因此所有阿羅漢都會得大涅槃。

月喻品第十五

「復次善男子！譬如有人，見月不現，皆言月沒，而作沒想，而此月性，實無沒也；轉現他方，彼處眾生，復謂月出，而此月性，實無出也。何以故？以須彌山障故不現，其月常生，性無出沒。如來、應、正遍知亦復如是，出於三千大千世界，或閻浮提示有父母，眾生皆謂如來生於閻浮提內。或閻浮提示現涅槃，而如來性

「另外，善男子！比如有人看見月亮西落，就認為月亮消失了，可是月亮其實並沒有消失；而是轉而出現在他方了，那處的眾生又說月亮出現了，可是月亮其實並不是出現。為什麼呢？因為被娑婆世界最高的須彌山遮擋，所以看不到月亮。月亮總是存在，並沒有出現或者消失過。如來、應、正遍知（即「等正覺」，完全契於真理、遍於一切的覺悟。本句中的如來、應、等正覺是古印度對覺者十種常見的稱號的前三個，這裡以這三個稱號來代表佛。）也是如此，出於三千大千世界，有時閻浮提示現有父母，眾生都認為如來生於閻浮提內。有時

實無涅槃，而諸眾生皆謂如來實般涅槃，喻如月沒。善男子！如來之性實無生滅，為化眾生故示生滅。」

「善男子！如此滿月，餘方見半；此方半月，餘方見滿。閻浮提人若見月初，皆謂一日，起初月想。見月盛滿，謂十五日，生盛滿想。而此月性，實無虧盈，因須彌山而有增減。善男子！如來亦爾，於閻浮提或現初生，或現涅槃。現始生時，猶如初月，一切皆謂童子

在閻浮提示現涅槃，可是如來之性其實沒有涅槃，而眾生就說如來已經確實涅槃，就好像月亮消失了。善男子！**如來的本性事實上沒有生滅，為了度化眾生所以示現生滅。**」

「善男子！這裡的滿月別處只能見到一半，而此方的半月在別處就見到滿月。閻浮提人如果見月初，都認為初一開始是初月，看見月亮圓滿就認為十五日是滿月。可是月性實在沒有虧盈，只不過被娑婆世界最高的須彌山遮擋而好像增減。善男子！如來也是如此在閻浮提有時示現初生有時示現涅槃。示現初生時猶如初月，一切人都認為童子初生。當如來行走七步時好像初二的月亮，示現進入學堂好像初三的月亮，示現出家好像初八的月亮，

初生，行於七步如二日月，或復示現入於書堂，如三日月，示現出家，如八日月，放大智慧微妙光明，能破無量眾生魔眾，如十五日盛滿之月。或復示現三十二相、八十種好，以自莊嚴而現涅槃，喻如月蝕。如是眾生所見不同，或見半月，或見滿月，或見月蝕，而此月性實無增減、蝕噉之者，常是滿月。如來之身亦復如是，是故名為常住不變。」

如來放出大智慧微妙光明，能破除無量眾生魔眾則如同十五日的滿月。示現三十二相八十種好，莊嚴示現涅槃則如同月蝕。而眾生所見各個不同，有時見到半月，有時見到滿月，有時見到月蝕，但是此月亮之性，實在並沒有增減、侵蝕，恆常都是圓滿之月。如來之身也是如此，所以叫做常住不變。」

「復次善男子！喻如滿月一切悉現，在在處處、城邑聚落、山澤水中、若井若池、若若鍑、一切皆現，有諸眾生，行百由旬，百千由旬見月常隨，凡夫愚人妄生憶想，言：『我本於城邑屋宅，見如是月，今復於此空澤而見，為是本月？為異於本？』各作是念，月形大小或如鍑口，或復有言大如車輪，或言猶如四十九由旬。一切皆見月之光明，或見團圓喻如金盤。是月性一，種種

「另外，善男子！就好像滿月一樣，什麼都能夠呈現，就是不管在什麼地方所在，城市、聚落、山澤水中、井、池、盆、鍋到處都能夠呈現月亮，有人行走很遠看到月亮總是跟隨自己，凡夫就妄想：『我本來在城鎮裡看見這個月亮，現在又在此曠野上看見，這是同一個月亮還是不同的月亮呢？』都認為月形大小有時如鍋口，有時大如車輪，有時猶如四十九由旬（古印度長度單位。一由旬相當於一隻公牛走一天的距離，大約 11.2 公里）那麼大。一切眾生都看見月之光明，有時團圓猶如金盤。此月性一如，而種種眾生所見不同。善男子！如來也是一樣，出現於世。有人、天心想：『如來現在在我面前停留。』又有眾生也認為：

眾生，各見異相。善男子！如來亦爾，出現於世，或有人天而作是念：『如來今者在我前住。』復有眾生亦生是念：『如來今者在我前住。』或有聾瘂，亦見如來有聾瘂相。眾生雜類，言音各異，皆謂如來悉同己語，亦各生念：『在我舍宅受我供養。』或有眾生，見如來身廣大無量。有見微小，或有見佛是聲聞像，或復有見為緣覺像。有諸外道復各念言：『如來今者，在我法中出家學道。』或

『如來現在在我面前停留。』也有聾人看見如來示現聾瘂相。眾生各種類，語言不同，如來講的話每個地方都不同，但是大家都說如來跟我講一樣的話，也都認為：『如來在我家裡接受供養。』也有的眾生見到如來身體廣大無量，有的又見到如來身體微小，有人見到佛是聲聞像，有人見到佛是緣覺像。有許多外道心想：『如來現在在我的教法中出家學道。』又有眾生認為：『如來是只為我而出現於世。』如來真實性如同月亮，是法身，是沒有生滅之身。是方便之身，隨順世間，示現無量，沒有侷限在一個形相，就是如來渡化眾生的本業因緣，**隨時隨地示現生滅，就好像月亮。因此如來是常住的沒有變化。」**

有眾生復作是念：『如來今者獨為我故出現於世。』如來實性喻如彼月，即是法身，是無生身。方便之身隨順於世，示現無量本業因緣，在在處處示現有生，猶如彼月。以是義故，如來常住無有變易。」

「復次善男子！譬如日出，眾霧悉除。此大涅槃微妙經典亦復如是，出興於世，若有眾生一經耳者，悉能滅除一切諸惡、無間罪業。是大涅槃甚深境界不可思議，善說如來

「另外，善男子！比如日出之後霧就消散。此大涅槃微妙經典也是如此，出現於世，眾生一經耳根，耳朵有聽過聽到就能滅除一切諸惡，以及無間罪業（受苦沒有間斷的罪業）。此大涅槃很深的境界，不可思議。很好地解釋了如來微妙周密的本性。所以善男子、善女人們應認知，如來是常住沒

微密之性，以是義故，諸善男子、善女人等，應於如來生常住心，無有變易，正法不斷，僧寶不滅，是故應當多修方便，勤學是典，是人不久當得成於阿耨多羅三藐三菩提。是故此經名為無量功德所成，亦名菩提不可窮盡，以不盡故，故得稱為大般涅槃；有善光故，猶如夏日，身無邊故，名大涅槃。」

有變易的，正法不斷，三寶佛法僧都不會滅，沒有變化，所以應當多修方便，勤學此典。這個人不久就可以證得無上正等正覺。所以此經叫作無量功德所成。又叫**菩提不可窮盡**，**因為不可窮盡**，**所以稱為大般涅槃**；有妙光所以猶如夏日，**法身無量無邊**，**所以叫大涅槃**。」

菩薩品第十六

迦葉菩薩白佛言：「世尊！如來所說，諸佛、菩薩、聲聞、緣覺，性無差別。唯願如來分別廣說，利益安樂一切眾生。」

佛言：「善男子！諦聽，諦聽，當為汝說。善男子！譬如長者，若長者子，多畜乳牛，有種種色，常令一人守護將養。是人有時為祠祀故，盡搆諸牛著一器中，見其乳色同一白色，

迦葉菩薩對佛說：「世尊！如來所說諸佛、菩薩、聲聞、緣覺之性沒有差別。希望如來詳細解說，利益安樂一切眾生。」

佛說：「善男子！仔細聽好，我為你解說。善男子！比如有長者畜養很多不同的顏色的奶牛，讓一個人守護放養。此人有一天為了祠祀，把這些牛產的奶放到一個容器中，見到牛奶色都為白色，便很奇怪。牛有不同顏色，為何牛奶是同一顏色？此人想，『這是眾生業報的因緣，讓牛奶的顏色都是

尋便驚怪，牛色各異，其乳云何皆同一色？是人思惟：『如此一切，皆是眾生業報因緣令乳色一。』善男子！聲聞、緣覺、菩薩亦爾，同一佛性猶如彼乳。所以者何？同盡漏故。而諸眾生言：『佛、菩薩、聲聞、緣覺，而有差別。有諸聲聞、凡夫之人，疑於三乘，云何無別？』是諸眾生，久後自解，一切三乘同一佛性；猶如彼人，悟解乳相，由業因緣。」

同樣白色。』善男子！**聲聞、緣覺、菩薩也是如此，同一佛性如同牛奶。因為同樣是盡漏的。**（漏，煩惱之異稱。以聖智斷盡煩惱，稱為漏盡。與「無漏」同義。）而眾生說：『佛、菩薩、聲聞、緣覺有差別。聲聞、凡夫之人，疑惑三乘為何無差別？』**這些眾生以後自會瞭解三乘同一佛性，猶如那人恍然大悟乳相是因業力因緣所致。」**

迦葉菩薩白佛言：「世尊！若一切眾生有佛性者，佛與眾生有何差別？如是說者多有過咎。若諸眾生皆有佛性，何因緣故，舍利弗等以小涅槃而般涅槃？緣覺之人於中涅槃而般涅槃？菩薩之人於大涅槃而般涅槃？如是等人若同佛性，何故不同如來涅槃而般涅槃？」

「善男子！諸佛世尊所得涅槃，非諸聲聞緣覺所得，以是義故，大般涅槃名為善有。世若無佛，非無二乘得二涅槃。」

迦葉菩薩對佛說：「世尊！如果一切眾生有佛性，那麼佛與眾生有何差別？這樣說有很多不對的地方。如果眾生皆有佛性，為何舍利弗等以小涅槃而般涅槃？緣覺之人於中涅槃而般涅槃？菩薩之人於大涅槃而般涅槃？這些人如果同一佛性，為何不跟如來一樣而般涅槃呢？」

「善男子！諸佛世尊所得涅槃，不是聲聞緣覺所得的。因此大般涅槃叫做善有。世間如果沒有佛，二乘人仍能得到二乘的涅槃。」

迦葉復言：「是義云何？」

佛言：「無量無邊阿僧祇劫，乃有一佛出現於世，開示三乘。善男子！如汝所言，菩薩、二乘無差別者，我先於此如來密藏大涅槃中，已說其義。諸阿羅漢無有善有。何以故？諸阿羅漢悉當得是大涅槃故。以是義故，大般涅槃有畢竟樂，是故名為大般涅槃。」

迦葉又說：「這是什麼意思？」

佛說：「無量無邊的阿僧祇劫，非常長的時間、非常久的時間，才有一佛出現於世來開示三乘佛法。善男子！如你所說菩薩二乘沒有差別。我之前在此如來密藏大涅槃中已說阿羅漢不具備善有是方便說。為什麼呢？所有阿羅漢都會得此大涅槃。因此**大般涅槃有畢竟樂，所以叫做大般涅槃**。」

第10卷　一切大眾所問品第十七
現病品第十八

斷善根的惡人一闡提，
假如能生善心，還是叫做一闡提人嗎？

【要義】

一切大眾所問品第十七

佛為純陀說除了一闡提、一切佈施的功德，又為文殊說如來說法有餘、無餘之別，以及為迦葉說無餘義及此經所得的功德。最後佛為此三人授記，右脅而臥。

現病品第十八

佛為迦葉廣說秘密教並說實無有病，涅槃是甚深禪定，如來已除病根。凡塵所有的好藥都是治假病，真病為心病。又三種人（謗大乘、五逆罪、一闡提）非聲、緣、菩薩所能治。有五種人於大乘涅槃有病行處，這五種人是：斷三結之須陀洹果、斯陀含果、斷五下分結之阿那含果、永斷貪欲瞋恚愚癡阿羅漢果，以及辟支佛果。

一切大眾所問品第十七

純陀復言：「世尊！若一闡提能自改悔，恭敬、供養、讚歎三寶，施如是人得大果不？」

佛言：「善男子！汝今不應作如是說。善男子！譬如有人食菴羅果，吐核置地，而復念言：『是果核中應有甘味。』即復還取，破而嘗之。其味極苦，心生悔恨。恐失果種，即還收拾。種之於地，勤加修治，

純陀又說：「世尊！如果一闡提人，能自知而悔改，而恭敬供養讚歎三寶，假如佈施像這一種人的話，是否能得大果報嗎？」

佛陀說：「善男子啊！你現在不應該這樣說。善男子啊！譬如有人，吃了庵摩羅果（無垢果），而將果核吐出放置在地上一樣。這個人又說：『這個果物的果核中，應該有甜味。』就拿回果核將它打破而品嚐。吃了以後，發覺味道極苦無比，心裡感到懊悔。又深怕失去果種（果苗），就將地上的果核收捨起來，把它種植於地。之後，勤加栽培，

以蘇油、乳隨時溉灌。於意云何？寧可生不？」

「不也。世尊！假使天降無上甘雨猶亦不生。」

「善男子！彼一闡提亦復如是，燒滅善根，當於何所而得除罪？善男子！若生善心，是則不名一闡提也。善男子！以是義故，一切所施所得果報非無差別。何以故？施諸聲聞所得報異、施辟支佛得報亦異，唯施如來獲無上果。是故說言：『一切所施非無差別。』」

用酥油之乳，隨時去灌溉。這樣的情形下，你認為會如何呢？這個果核能生根發芽嗎？」

純陀說：「不會的。世尊！就像是天降無上的甘霖，仍然不會生芽。」

佛陀說：「善男子啊！那位一闡提也是如此，因為已經消滅善根，還能在什麼地方可以得到除滅其罪呢？善男子啊！**假如能生善心，就不叫做一闡提了**。善男子啊！基於這個道理，一切所施而所得的果報，並不是沒有差別。為什麼呢？因為佈施給聲聞們所得的果報是不同的，佈施給辟支佛所得的果報也是不同的。只有佈施給如來，才能獲無上的果報。因此才說：『一切所施，並不是沒有差別的。』」

現病品第十八

爾時迦葉菩薩白佛言：「世尊！如來已免一切疾病，患苦悉除，無復怖畏。世尊！一切眾生有四毒箭，則為病因。何等為四？貪欲、瞋恚、愚癡、憍慢。若有病因，則有病生，所謂愛熱肺病、上氣吐逆、膚體瘤瘤、其心悶亂、下痢噦噎、小便淋瀝、眼耳疼痛、背滿腹脹、顛狂乾消鬼魅所著。如是種種身心諸病，諸佛世尊悉無

這時迦葉菩薩對佛說：「世尊！如來已經免除一切疾病，患病之苦全都根除，也就不會再恐懼病苦。世尊！一切眾生因為有四毒箭才會得病，即貪慾、嗔恚、愚癡、憍慢。因為有病因才會生病，所謂的寒熱肺病、上氣吐逆、身體不適心中悶亂、痢疾、噦噎、小便淋瀝、眼耳疼痛、背滿腹脹、顛狂被鬼魅所擾。這些種種的身心疾病，諸佛世尊都不會有。今日如來為什麼對文殊師利說：『我現在背痛。你們要為大眾說法呢？』有二因緣不會有病苦。一是憐湣一切眾生；二是施於病人醫藥。如來往昔在無量萬億劫中修菩薩道，總是通過關愛的言

復有。今日如來何緣顧命文殊師利，而作是言：『我今背痛，汝等當為大眾說法？』有二因緣，則無病苦。何等為二？一者憐愍一切眾生，二者給施病者醫藥。如來往昔已於無量萬億劫中修菩薩道，常行愛語，利益眾生不令苦惱，施疾病者種種醫藥，何緣於今自言有病？」

爾時世尊，心無疑慮，如師子王，以三十二大人之相、八十種好莊嚴其身。於其身上

語利益眾生，不讓他們苦惱，為患病的人佈施種種醫藥，為何今天反而說自己有病呢？」

這時世尊心無疑慮如獅子王，以三十二大人之相八十種好莊嚴其身。身上每個毛孔出一朵蓮花，那蓮花微妙，各有千葉，純真金色，琉璃作莖，金

一切毛孔，一一毛孔出一蓮花，其花微妙各具千葉，純真金色，琉璃為莖，金剛為鬚，玫瑰為臺，形大團圓猶如車輪，是諸蓮花，各出種種雜色光明，青黃赤白紫頗梨色。是諸光明皆悉遍至阿鼻地獄、想地獄、黑繩地獄、眾合地獄、叫喚地獄、大叫喚地獄、焦熱地獄、大焦熱地獄，是八地獄其中眾生，常為諸苦之所逼切，所謂燒煮、火炙、斫刺、劍剝，遇斯光已，如是眾苦悉滅無餘，安隱清涼，

剛作須，玫瑰作台，外形圓滿大如車輪，這些蓮花各自放出種種雜色光明，青黃赤白紫，玻璃色。此光明遍至阿鼻地獄、想地獄、黑繩地獄、眾合地獄、叫喚地獄、大叫喚地獄、焦熱地獄、大焦熱地獄。此八地獄其中的眾生常被諸苦逼切，所謂燒煮、火烤、砍擊刺殺，剝皮。遇到此光後這些苦惱全部消滅，安隱清涼快樂無極。遇到佛放的這一些光，**所有的苦都消失了**，立刻調和溫暖舒適。**此光明中也說如來秘密之藏——眾生皆有佛性**。眾生聽後命終而生在人道天道之中。

快樂無極。遇斯光已，如是等苦亦滅無餘，即得調和煴煖適身。是光明中亦說如來祕密之藏，言諸眾生皆有佛性；眾生聞已，即便命終生人天中。

爾時於此閻浮提界及餘世界，所有地獄皆悉空虛，無受罪者，除一闡提。餓鬼眾生飢渴所逼，以髮纏身，於百千歲未曾得聞漿水之名。遇斯光已，飢渴即除。是光明中亦說如來微密祕藏，言諸眾生皆有佛性；眾生聞已，即便命終生人

這時在此閻浮提世界以及其它世界所有地獄都空了，不再有受罪者，除了一闡提之外。餓鬼道的眾生被饑渴所逼，用頭髮纏身，在百千年中都不曾聽到漿水之名。遇到此光就不再饑渴。**此光明中說如來微密秘藏——眾生皆有佛性**。眾生聽後立刻命終，生在人道天道之中，**讓餓鬼道全空**，除了誹謗大乘方等正典的人。

天中，令諸餓鬼亦悉空虛，除謗大乘方等正典。

畜生眾生，互相殺害、共相殘食，遇斯光已，恚心悉滅。是光明中亦說如來祕密之藏，言諸眾生皆有佛性；眾生聞已，即便命終生人天中。當爾之時畜生亦盡，除謗正法。

「善男子！我於往昔，無量無邊億那由他百千萬劫，已除病根，永離倚臥。

迦葉！我今實無一切疾病。所以者何？諸佛世尊久已遠離一切病故。

畜生道的眾生互相殺害，共相殘食，遇到此光後嗔心消滅。**此光明中說如來秘密之藏——眾生皆有佛性**；眾生聽後即便命終，生在人道天道之中。這時**畜生道也空了**，除了謗正法之人。

「善男子！我在往昔無量無邊億那由他（那由他就是千萬。千萬的億，億有千萬，非常多的意思。）百千萬劫中，已經斷除病根，永離病苦。

迦葉！我現在其實沒有任何疾病。為什麼呢？**諸佛世尊早已遠離一切病苦**。

迦葉！是諸眾生不知大乘方等密教，便謂如來真實有疾。

迦葉！如言如來猶如大海、須彌山王，而如來者實非鹹味、同於石山，當知是語亦是如來祕密之教。迦葉！如言如來能治癰瘡，而我實非治癰師也，如是之言亦是如來祕密之教。迦葉！我今言病，亦復如是，亦是如來祕密之教。是故顧命文殊師利：『吾今背痛，汝等當為四眾說法。』」

迦葉！眾生不知大乘方等密教，認為如來真的有病了。

迦葉！好比說如來好像大海中的須彌山王，可是如來沒有鹼味也不像石頭山一樣，要知道這是如來秘密之教。迦葉！好比說如來能治癰瘡，可是事實上我不是治瘡的醫師，這話也是如來秘密之教。迦葉！我今天稱病也是一樣，也是如來秘密之教。所以讓文殊師利說：『我今天背痛，你們要為四眾說法。』」

第11卷　聖行品第十九之上

為何一切眾生在下苦中，
錯誤認為是快樂？
什麼是菩薩真正的樂？

【要義】

聖行品第十九之上

佛為迦葉說菩薩應修聖行、梵行、天行、嬰兒行、病行這五種的行持方法。並廣說菩薩的聖人行，大菩薩如果從聲聞或從如來聽得大涅槃經，聽後能生信，應奉持戒如護浮囊，不可破損，並提醒「得正法戒」與「受世教戒」為應實踐履行的戒律。菩薩這樣觀察就得到四念處，就有辦法住在堪忍地，堪忍地就是已經在菩薩的位階。觀四聖諦，住無畏地，得二十五三昧，壞二十五有。

爾時，佛告迦葉菩薩：

「善男子！菩薩摩訶薩應當於是《般涅槃經》專心思惟五種之行。何等為五？一者、聖行，二者、梵行，三者、天行，四者、嬰兒行，五者、病行。善男子！菩薩摩訶薩常當修習是五種行。復有一行是如來行，所謂大乘《大涅槃經》。」

「善男子！菩薩摩訶薩護持禁戒亦復如是，如彼渡人護惜浮囊。菩薩如是守護戒時，常有煩惱諸惡羅刹語菩薩言：

這時佛對迦葉菩薩說：「善男子啊！菩薩大菩薩應該對於《大般涅槃經》**專心思惟五種行**。那五種呢？**第一為聖行，第二為梵行，第三為天行，第四為嬰兒行，第五為病行**。善男子啊！菩薩大菩薩要常時修習這五種的行持方法。又有一行，為如來之行，所謂大乘《大般涅槃經》。」

「善男子啊！菩薩護持禁戒，也是如此，就像那位渡海之人護惜他的浮囊（類似救生圈，能在水中浮起來）一樣。菩薩在護持禁戒時，都有煩惱，那些羅刹（惡鬼）會對菩薩說：『你應該要信任我，

『汝當信我，終不相欺。但破四禁，護持餘戒。以是因緣令汝安隱，得入涅槃。』菩薩爾時應作是言：『我今寧持如是禁戒墮阿鼻獄，終不毀犯而生天上。』煩惱羅剎復作是言：『汝若不能破四禁者，可破僧殘。以是因緣令汝安隱，得入涅槃。』菩薩亦應不隨其語。羅剎復言：『卿若不能犯僧殘者，亦可故犯偷蘭遮罪。以是因緣令汝安隱，得入涅槃。』菩薩爾時亦復不隨。羅剎復

我不會欺負你的。你只要破毀四重禁戒，而護持其他的戒律，就能藉此因緣，使你安隱的得入涅槃。』菩薩遇此情形時，應該要這樣說：『我寧可要護持四重禁戒，而墮入阿鼻地獄，也不會毀犯禁戒而生天上。』煩惱的羅剎又會說這樣的話：『你如果不能破壞四重禁戒的話，可以破壞僧殘戒（僅次於波羅夷之重罪。粗語，觸女人戒，媒嫁，索供養等），由此因緣，會使你安隱地得入涅槃。』菩薩也不應該隨著所言之語。」

言：『卿若不能犯偷蘭遮，可犯捨墮。以是因緣可得安隱，入於涅槃。』菩薩爾時亦復不隨。」

「迦葉！是菩薩摩訶薩復有二種戒：一者、受世教戒，二者、得正法戒。菩薩若得正法戒者，終不為惡。

復次迦葉！又有聖行，所謂四聖諦。苦、集、滅、道，是名四聖諦。迦葉！苦者逼迫相，集者能生長相，滅者寂滅

「迦葉啊！此菩薩又有二種戒。第一為受世教戒（依受戒的形式而入有規律的戒生活）。第二為得正法戒（體得正法的地方，自有強有力而鞏固的信仰生活的戒律）。菩薩如果得正法戒的話，就永遠不會做惡業。

另外，迦葉！還有種聖行叫做**四聖諦**。就是**苦**、**集**、**滅**、**道**。迦葉！苦就是逼迫相（見苦諦四相），集就是能生長相，滅就是寂滅相，道就是大乘相。另外，善男子！苦是現相，集是轉相，滅是

相，道者大乘相。復次善男子！苦者現相，集者轉相，滅者除相，道者能除相。復次善男子！苦者有三相：苦苦相、行苦相、壞苦相；集者二十五有；滅者滅二十五有；道者修戒定慧。復次善男子！有漏法者有二種：有因、有果；無漏法者亦有二種：有因、有果。有漏果者是則名苦，有漏因者則名為集，無漏果者則名為滅，無漏因者則名為道。復次善男子！八相名苦，所謂生苦、老苦、

除相，道是能除相。另外，善男子！**苦有三相**，所**謂苦苦相**（苦上加苦）、**行苦相**（非苦非樂，難免行陰遷流，終歸變滅）、**壞苦相**（快樂非永遠，有敗壞的一天）；集就是二十五有（生死輪迴之迷界計分為二十五種。由因必得果，因果不亡，故稱為有）；滅就是滅二十五有；道就是修戒定慧。另外，善男子！有漏法有二種：有因、有果；無漏法也有二種：有因、有果。**有漏的果報是就是苦**，有**漏的因就是集**，**無漏的果就是滅**，**無漏的因就是道**。另外，善男子！有八種相叫做苦，所謂**生苦**、**老苦**、**病苦**、**死苦**、**愛別離苦**、**怨憎會苦**、**求不得苦**、**五盛陰苦**。能產生這八苦的就是因。沒有此八法的地方就是滅。

病苦、死苦、愛別離苦、怨憎會苦、求不得苦、五盛陰苦。能生如是八苦法者，是名為因。無有如是八法之處，是名為滅。

善男子！生者出相，所謂五種：一者初出，二者至終，三者增長，四者出胎，五者種類生。何等為老？老有二種：一念念老，二終身老。復有二種：一增長老，二滅壞老，是名為老。

何等名為愛別離苦？所愛之物破壞離散。

善男子！生是出相，有五種：初出（受胎之初）、至終（色心具足之時）、增長（名色增長）、出胎、種類生（殘缺美醜，富貴貧賤，個個有別）。什麼是老呢？老有二種：念念老（意識剎那生滅）和終身老（指一期生滅，從生到死，其一生涯中之出生與死滅）。又有二種：增長老（從少至壯念念增長）和滅壞老（壯至老念念滅壞），這叫做老。

什麼是**愛別離苦**呢？就是**所愛的東西破壞、離散**。

迦葉！菩薩摩訶薩亦復如是，不願生天，以生當有老病死故，是以俱棄，曾無愛心。凡夫愚人不知老病死等過患，是故貪受生死二法。

愛因緣故，則生憂苦，以憂苦故，則令眾生，生於衰老、愛別離苦，所謂命終。善男子！以別離故，能生種種微細諸苦。」

佛告迦葉：「善哉，善哉！善男子！善能諮問如來是義。善男子！一切眾生於下苦中，橫生樂想。是故我今所說苦相，

因為有愛所以產生憂苦，因為憂苦所以讓眾生衰老，**命終也是一種愛別離苦**。善男子！因為別離而產生種種微細的苦。」

佛告訴迦葉：「很好，很好！善男子！善於詢問如來這些義理。善男子！**一切眾生在下苦中，妄認為樂**。所以我現在所說的苦相，與以往說的沒有差別。」

與本不異。」

爾時迦葉菩薩白佛言：「如佛所說，於下苦中生樂想者，下生、下老、下病、下死、下愛別離、下求不得、下怨憎會、下五盛陰，如是等苦亦應有樂。世尊！下生者，所謂三惡趣。中生者，所謂人中。上生者，所謂天上。若復有人作如是問：『若於下樂生於苦想，於中樂中生無苦樂想，於上樂中生於樂想。』當云何答？世尊！若下苦中生樂想者，未見

這時迦葉菩薩對佛說：「如佛所說在下苦中認為快樂，下生、下老、下病、下死、下愛別離、下求不得、下怨憎會、下五盛陰，這些苦中也就有樂了。世尊！所謂下生就是三惡趣中所生的。中生就是人中，上生就是天上。如果有人問：『如果在下樂中生出苦想，在中樂中生出無苦樂想，在上樂中生出樂想。』怎麼回答呢？世尊！如果下苦中能感覺快樂，卻不曾見有人要承受千種懲罰，才接受一罰就能感覺快樂的，如果沒有生樂，我們如何說在下苦中而感覺快樂呢？」

有人當受千罰，初一下時已生樂想，若不生者，云何說言於下苦中而生樂想？」

佛告迦葉：「如是，如是，如汝所說。以是義故，無有樂想。何以故？猶如彼人當受千罰，受一下已即得脫者，是人爾時便生樂想。是故當知於無樂中妄生樂想。

善男子！以是因緣，生死之中實有樂受。菩薩摩訶薩以苦樂性不相捨離，是故說言一切皆苦。善男子！生死之中實

佛告訴迦葉：「是啊，你說得沒錯。所以沒有快樂的念頭。為什麼呢？比如那人要接受千次懲罰，然後接受了一次就已經脫離，此人這時就會感覺快樂。這就是本來無樂，妄認為快樂。

善男子啊！因此因緣生死之中的確有樂受。菩薩摩訶薩因為苦樂是不相捨離的，**苦與樂是相對關聯的，所以說一切皆苦**。善男子！生死之中其實沒有真正的樂，不過是諸佛菩薩隨順世間說有樂。

無有樂，但諸佛菩薩隨順世間說言有樂。

因酒甘味乃至倉穀，亦能令人生大憂惱。以是義故，一切皆苦，無有樂相。善男子！菩薩摩訶薩於是八苦，解苦、無苦。善男子！一切聲聞辟支佛等，不知樂因，為如是人，於下苦中說有樂相。唯有菩薩住於大乘大般涅槃，乃能知是苦因、樂因。」

因為酒的美味而貯藏，都能讓人產生大憂惱。因此一切都是苦的，沒有樂相。善男子啊！菩薩摩訶薩在八苦中，能了知苦，明白沒有苦。善男子啊！**一切聲聞辟支佛等不知道樂的原因，所以為這些人說在下苦中說有樂相**。只有菩薩住於大乘大般涅槃，才能知道苦因、樂因。」

第12卷　聖行品第十九之中

為何一切顛倒都是苦？
顛倒是真實嗎？

【要義】

聖行品第十九之中

佛說明心無顛倒、如實而知就是真諦、第一義諦。一般世人所能知者為世諦；出世之人所證知者為第一義諦。「有名無實」者為俗諦，「有名有實」者為第一義諦。旋火之輪、熱時之炎、乾闥婆城、龜毛、兔角等為世俗諦；如四諦之理則為第一義諦。

聖行品第十九之中

爾時文殊師利菩薩摩訶薩白佛言：「世尊！所說世諦、第一義諦，其義云何？世尊，第一義中有世諦不？世諦之中有第一義不？如其有者即是一諦，如其無者將非如來虛妄說耶？」

「善男子！世諦者即第一義諦。」

「世尊！若爾者，則無二諦。」

這時文殊師利菩薩摩訶薩對佛說：「世尊！所說世諦、第一義諦是甚麼意思呢？世尊！第一義中有世諦嗎？世諦之中有第一義嗎？如果有就是一諦。如果沒有，難道不是如來虛妄之說嗎？」

「善男子！世諦就是第一義諦。」

「世尊！那麼就沒有二諦了？」

佛言：「善男子！有善方便，隨順眾生，說有二諦。善男子！若隨言說則有二種：一者世法，二者出世法。善男子！如出世人之所知者，名第一義諦；世人知者，名為世諦。善男子！五陰和合，稱言某甲，凡夫眾生隨其所稱，是名世諦；解陰無有某甲名字，離陰亦無某甲名字，出世之人如其性相，而能知之，名第一義諦。復次善男子！或復有法有名有實，或復有法有名無實。善男

佛說：「善男子！因為方便隨順眾生而說有二諦。善男子！如果隨順之說則有二種，一是世法，二是出世法。善男子！**如出世人之所知的叫做第一義諦，世人所知叫做世諦**。善男子！五陰和合而起名叫某甲，凡夫眾生隨其所稱呼而叫做世諦；分析五蘊則沒有某甲這個名字，離開五蘊更沒有某甲這個名字，出世間的人如果參照性相而能理解，叫做第一義諦。另外，善男子！有的現象有名有實，有的現象有名無實。善男子！**有名無實就是世諦；有名有實是第一義諦**。

子！有名無實者即是世諦；有名有實者是第一義諦。

善男子！如我、眾生、壽命、知見、養育、丈夫、作者、受者、熱時之炎、乾闥婆城、龜毛、兔角、旋火之輪、諸陰界入，是名世諦；苦、集、滅、道，名第一義諦。

復次善男子！若燒、若割、若死、若壞，是名世諦；無燒、無割、無死、無壞，是名第一義諦。復次善男子，有八苦相，名為世諦；無生、無老、無病、

善男子啊！如所謂我、眾生、壽命、知見、養育、丈夫、作者、受者、熱時之陽燄，乾闥婆城〈海市蜃樓〉，龜毛、兔角、旋火之輪，諸陰界入等，就名叫世諦。苦、集、滅、道，叫做第一義諦。

另外，善男子！如果能燒、能割、能死、能壞，就是世諦；無燒、無割、無死、無壞，是第一義諦。另外善男子！有八苦相就是世諦；**無生、無老、無病、無死、無愛別離、無怨憎會、無求不得、無五盛陰，就是第一義諦**。另外，善男子！比如人

無死、無愛別離、無怨憎會、無求不得、無五盛陰，是名第一義諦。復次善男子！譬如一人多有所能，若其走時則名走者，或收刈時復名刈者，或作飲食名作食者，若治材木則名工匠，鍛金銀時言金銀師，如是一人有多名字；法亦如是，其實是一而有多名。依因父母和合而生名為世諦；十二因緣和合生者名第一義諦。」

有很多能力，走的時候就叫做走者，收割時叫做割者，飲食時叫做食者，如果製造材木叫做工匠，鍛造金銀的時候叫做金銀師，如此一人有很多名字；法也是如此，其實是一，而有很多的名稱。**依靠父母和合而生的名為世諦；十二因緣和合生名第一義諦。**」

文殊師利菩薩摩訶薩白佛言：「世尊！所言實諦，其義云何？」

佛言：「善男子！言實諦者名曰真法。善男子！若法非真不名實諦。善男子！實諦者無顛無倒，無顛倒者乃名實諦。善男子！實諦者無有虛妄，若有虛妄不名實諦。善男子！實諦者名曰大乘，非大乘者不名實諦。善男子！實諦者是佛所說非魔所說，若是魔說非佛說者，不名實諦。善男子！實諦

文殊師利菩薩摩訶薩對佛說：「世尊！所說的實諦是甚麼呢？」

佛說：「善男子！實諦叫做真法。善男子！如果法不是真的則不叫實諦。善男子！**實諦無顛無倒，無顛倒者才叫做實諦**。善男子！**實諦無有虛妄，若有虛妄不叫實諦**。善男子！**實諦名叫大乘，不是大乘不叫實諦**。善男子！實諦是佛所說非魔所說，若是魔說非佛說的不叫實諦。善男子！**實諦是一道、清淨無二**。善男子！**有常、有樂、有我、有淨，就是實諦的道理**。」

者一道清淨，無有二也。善男子！有常、有樂、有我、有淨，是則名為實諦之義。」

文殊師利白佛言：「世尊！若以真實為實諦者，真實之法即是如來、虛空、佛性。若如是者，如來、虛空及與佛性無有差別。」

文殊師利白佛言：「世尊！如佛所說，不顛倒者名為實諦。若爾者，四諦之中有四倒不？如其有者，云何說言，無有顛倒名為實諦，一切顛倒

文殊師利對佛說：「世尊！如果把真實當作實諦，**真實之法就是如來、虛空、佛性**。如果是這樣如來、虛空和佛性就沒有差別。」

文殊師利對佛說：「世尊！如佛所說的，不顛倒就是實諦。那麼四諦之中有四顛倒嗎？如果有，怎麼說沒有顛倒叫做實諦，一切顛倒不叫做實呢？」

不名為實？」

佛告文殊師利：「一切顛倒，皆入苦諦，如諸眾生，有顛倒心，名為顛倒。善男子！譬如有人，不受父母、尊長教勅，雖受不能隨順修行，如是人等名為顛倒，如是顛倒，非不是苦，即是苦也。」

佛告訴文殊師利：「**一切顛倒都入苦諦，比如眾生有顛倒心，叫做顛倒**。善男子！比如有人不受父母、尊長的教育，就算接受也不能隨順修行，此人叫做顛倒，**如此顛倒就是苦**。」

第13卷　聖行品第十九之下

心的性質是常還是無常的？
外道的常樂我淨是真實的還是虛妄的？

【要義】

聖行品第十九之下

佛說明外道顛倒執著常樂我淨，其愚癡像小孩一樣，他們在佛法中學了一小部分，但是卻無中生有地認為有常樂我淨，而並不知道什麼是真正的常樂我淨。

聖行品第十九之下

善男子！一切有為，皆是無常；虛空無為是故為常，佛性無為是故為常。虛空者即是佛性，佛性者即是如來，如來者即是無為，無為者即是常，常者即是法，法者即是僧，僧即無為，無為者即是常。善男子！有為之法，凡有二種：色法、非色法。非色法者，心心數法。色法者，地、水、火、風。善男子！心名無常。何以故？性是攀緣相，應分別故。

善男子！**一切有為皆是無常；虛空無為所以是常，佛性無為所以是常**。虛空就是佛性，佛性就是如來，如來就是無為，無為就是常。常就是法，法即是僧，僧就是無為，無為即是常。

善男子！有為之法有二種：色法、非色法。非色法是心心數法。色法是地水火風。善男子！**心是無常的**。為什麼呢？因為**心的性質是攀緣、相應、分別的**。善男子！眼識之性差異乃至意識之性差異所以無常。善男子！色境界差異乃至法境界差異所以無常。善男子！眼識相應差異乃至意識相應差異所以無常。善男子！心如果是常，眼識應單獨緣起於一切法。善男子。如果眼識差異乃至意識差異則善男子！眼識性異，乃至意識性異，是故無常。善男子！色境界異，乃至法境界異，是故無常。善男子！眼識相應異，乃至意識相應異，是故無常。善男子！心若常者，眼識應獨緣一切法。善男子！若眼識異乃至意識異，則知無常。以法相似，念念生滅，凡夫見已，計之為常。

復次，善男子！若諸外道以相貌故知有我者，善男子！相故無我，無相故亦無我。若人睡時不能進止、俯仰、視眴、

可知其無常。**因為法相似而且念念生滅，凡夫見後就認為是常。**

再者，善男子！如果那些外道因為相貌而認為有我，善男子！有相貌所以無我，無相貌也是無我。如果人睡覺時不能自由行動，不能察覺苦樂，那麼不應有我。如果把能夠行動當作有我的證明，

不覺苦樂，不應有我。若以進止、俯仰、視眴知有我者，機關木人亦應有我。

善男子！是諸外道癡如小兒，無慧方便，不能了達常與無常，苦、樂，淨、不淨，我、無我，壽命、非壽命，眾生、非眾生，實、非實，有、非有。於佛法中取少許分，虛妄計有常、樂、我、淨，而實不知常、樂、我、淨。如生盲人不識乳色，便問他言：「乳色何似？」他人答言：「色白如貝。」盲人復問：「是乳色者，

那些機關的木頭人也應該有我。

善男子！那些外道像小孩一樣愚蠢，沒有智慧方便，不能了達常與無常，苦與樂，淨與不淨，我及無我，壽命與非壽命，眾生與非眾生，實與非實，有與非有。他們從佛法中只明白一小部分，**只知道虛妄的常、樂、我、淨，卻不是真的知道常、樂、我、淨**。如同天生的盲人不明白乳的顏色，而問他人：「乳色是什麼樣子的？」他人回答：「顏色如貝殼一樣白。」失明的人又問：「那牛奶的顏色是不是像貝殼被敲擊時發出的聲音？」他人回答：「不是。」盲人又問：「那貝殼的顏色像什麼？」他人回答：「像米粉。」盲人又問：「像米粉那樣

如貝聲耶？」答言：「不也。」復問：「貝色為何似耶？」答言：「猶稻米末。」盲人復問：「乳色柔軟如稻米末耶？稻米末者復何所似？」答言：「猶如雨雪。」盲人復言：「彼稻米末冷如雪耶？雪復何似？」答言：「猶如白鶴。」是生盲人雖聞如是四種譬喻，終不能得識乳真色。是諸外道亦復如是，終不能識常、樂、我、淨。善男子！以是義故，我佛法中有真實諦，非於外道。

柔弱嗎？那米粉又像什麼呢？他人回答：「就像雨雪。」盲人又說：「米粉像雪那樣冷嗎？那雪又像什麼呢？」回答：「就像白鶴。」這個天生的盲人雖然聽到上面這四種比喻，但是終究無法認識牛奶真正的顏色。這些外道也是如此，始終不能明白常、樂、我、淨。善男子啊！因此佛法中有真諦，而外道中並沒有真諦。

第14卷　梵行品第二十之一

菩薩的真實思惟是什麼樣子的？

【要義】

梵行品第二十之一

佛為迦葉說菩薩住七善法，得具梵行。又說慈、悲、喜、捨四無量心的梵行。

梵行品第二十之一

善男子！云何菩薩摩訶薩梵行？善男子！菩薩摩訶薩住於大乘大般涅槃，住七善法得具梵行。何等為七？一者、知法，二者、知義，三者、知時，四者、知足，五者、自知，六者、知眾，七者、知尊卑。

善男子！是名菩薩摩訶薩住於大乘《大涅槃經》住七善法。菩薩住是七善法已，得具梵行。

善男子啊！什麼叫做菩薩大菩薩之梵行呢？善男子啊！菩薩大菩薩安住於大乘大般涅槃，住於**七種善法**，才能得以具足梵行。哪七種呢？**第一為知法，第二為知義，第三為知時，第四為知足，第五為自知，第六為知眾，第七為知尊卑。**

善男子啊！這叫做菩薩大菩薩安住於大乘《大般涅槃經》，住於七善法。菩薩安住在於七善法後，得以具足梵行。

復次，善男子！復有梵行，謂慈、悲、喜、捨。

善男子！夫修慈者，實非妄想，諦是真實。若是聲聞、緣覺之慈，是名虛妄；諸佛、菩薩真實不虛。云何知耶？善男子！當知菩薩四無量心是實思惟，非不真實。

善男子！能為善者，名實思惟；實思惟者，即名為慈。慈即如來，慈即大乘；大乘即慈，慈即如來。

善男子！慈即菩提道，菩

再者，善男子啊！又有梵行，就是所謂慈、悲、喜、捨。

善男子啊！所謂**修慈，是實在而不是妄想，是真實的道裡**。如果是聲聞、緣覺之慈，則是虛妄的；諸佛菩薩之慈，是真實而不是虛妄的。善男子啊！應該要知道**菩薩的四無量心，是真實的思惟，而不是虛妄的**。

善男子啊！能作善根的，就叫做真實的思惟，就稱為慈。慈就是如來。慈就是大乘；大乘就是慈，慈就是如來。

善男子啊！慈就是菩提道，菩提道就是如來，提道即如來，如來即慈。

善男子！慈即大梵，大梵即慈，慈即如來。

善男子！慈者能為一切眾生而作父母。父母即慈，慈即如來。

善男子！慈者乃是不可思議諸佛境界，不可思議諸佛境界即是慈也。當知慈者即是如來。

善男子！慈者即是眾生佛性，如是佛性久為煩惱之所覆蔽，故令眾生不得覩見。佛性

如來就是慈。

善男子啊！慈就是大梵，大梵就是慈，慈就是如來。

善男子啊！慈能作為一切眾生的父母。父母就是慈，慈就是如來。

善男子啊！慈真是不可思議的諸佛境界，不可思議的諸佛境界就是慈。應當要知道慈就是如來。

善男子啊！慈就是眾生的佛性，而這佛性，久遠來就被煩惱所覆蓋，因此使眾生不得見。佛性就是慈，慈就是如來。

即慈，慈即如來。

善男子！慈即大空、大空即慈，慈即如來。

善男子！慈若無常、無常即慈，當知是慈是聲聞慈。

善男子！慈若是苦、苦即是慈，當知是慈是聲聞慈。

善男子！慈若不淨、不淨即慈，當知是慈是聲聞慈。

善男子！慈若無我、無我即慈，當知是慈是聲聞慈。

善男子！慈若妄想、妄想即慈，當知是慈是聲聞慈。

如來。

善男子啊！慈就是大空，大空就是慈，慈就是如來。

善男子啊！慈如果是無常的話，無常就是慈。應當要知道，這種慈是聲聞乘的慈。

善男子啊！慈如果是苦的話，苦就是慈。應當要知道，這種慈是聲聞乘的慈。

善男子啊！慈如果是不淨的話，不淨就是慈。應當要知道，這種慈是聲聞乘的慈。

善男子啊！慈如果就是無我的話，無我就是慈。應當要知道，這種慈是聲聞乘的慈。

善男子啊！慈如果是妄想的話，妄想就是慈。應當要知道，這種慈是聲聞乘的慈。

第15卷　梵行品第二十之二

空有哪幾種？菩薩的空是哪一種？

【要義】

梵行品第二十之二

佛為迦葉說有關一子地所屬的菩薩階位，一子地謂菩薩證化他之果，憐湣眾生之位。以及菩薩能得四無礙，名無所得。

梵行品第二十之二

復次善男子！菩薩摩訶薩修慈悲喜已，得住極愛一子之地。善男子！云何是地名曰極愛？復名一子？善男子！譬如父母，見子安隱，心大歡喜。菩薩摩訶薩住是地中，亦復如是，視諸眾生同於一子，見修善者生大歡喜，是故此地名曰極愛。善男子！譬如父母見子遇患，心生苦惱，湣之愁毒，初無捨離。菩薩摩訶薩住是地

另外，善男子！菩薩摩訶薩修慈、悲、喜之後，才能住在極愛、一子之地（極愛就心而說，一子就境而說）。善男子！為什麼此地叫做極愛，又叫一子呢？善男子！比如父母見到孩子平安，於是心中歡喜。菩薩摩訶薩住在此地中也是如此。看待眾生如同一子。見到修善的就心生大歡喜。所以叫做極愛。善男子！比如父母見到孩子遇到困難，便心生苦惱，憐憫孩子的苦惱，不會拋棄。菩薩摩訶薩住在此地也是如此，見到眾生被煩惱病所纏，心中同樣愁惱，身上毛孔都流出鮮血，所以此地叫做一子。善男子！比如父母所愛之子死亡，父母愁惱，

中亦復如是，見諸眾生，為煩惱病之所纏切，心生愁惱，憂念如子，身諸毛孔，血皆流出，是故此地，名為一子。善男子！譬如父母，所愛之子捨而終亡，父母愁惱，願與併命。菩薩亦爾，見一闡提墮於地獄，亦願與俱生地獄中。何以故？是一闡提若受苦時，或生一念改悔之心，我即當為說種種法，令彼得生一念善根。是故此地，復名一子。善男子！譬如父母，唯有一子，其子睡寤、行住、

甚至願意交換性命。菩薩也是如此。**見到一闡提墮於地獄，也願意一起生在地獄**。為什麼呢？此一闡提受苦時，如果生起一念改悔之心。我就會為他說種種法。讓他得生一念善根，所以此地叫做一子。善男子。比如父母只有一子，其子睡夢行住坐臥中心中時常掛念。如果犯了錯誤，就用言語勸喻，不會厭惡。**菩薩摩訶薩也是如此，見到眾生墮在地獄畜生餓鬼，或人天中造作善惡，心中時常牽掛，永不放棄捨離。對行惡的眾生永遠不生瞋恨，不會厭惡。所以又叫做一子。**

坐臥，心常念之；若有罪咎，善言誘喻，不加其惡。菩薩摩訶薩亦復如是，見諸眾生若墮地獄、畜生、餓鬼，或人、天中，造作善惡，心常念之，初不放捨。若行諸惡，終不生瞋，以惡加之，是故此地，復名一子。

善男子！空者，所謂內空、外空、內外空、有為空、無為空、無始空、性空、無所有空、第一義空、空空、大空。菩薩摩訶薩云何觀於內空？是菩薩摩訶薩觀內法空，是內法空，

善男子！**所謂空，包括內空、外空、內外空、有為空、無為空、無始空、性空、無所有空、第一義空、空空、大空。**菩薩摩訶薩如何觀照內空呢？菩薩摩訶薩觀內法空，內法空就是沒有父母怨親、中人、眾生壽命、常樂我淨、如來法僧、所有財物。此內法中雖有佛性，可是佛性非內非外。為

謂無父母、怨親中人、眾生壽命、常樂我淨、如來、法、僧、所有財物。是內法中，雖有佛性，而是佛性，非內非外。所以者何？佛性常住，無變易故，是名菩薩摩訶薩觀於內空。外空者，亦復如是，無有內法。內外空者，亦復如是。善男子！唯有如來、法、僧、佛性，不在二空。何以故？如是四法，常、樂、我、淨，是故四法，不名為空。是名內外俱空。善男子！有為空者，有為之法悉

什麼呢？這是因為佛性常住沒有變易的緣故，叫做菩薩摩訶薩觀於內空。所謂外空，也是如此，沒有內法。內外空也是如此。善男子！只有如來、法、僧、佛性，不屬於二空之中。為何呢？因為此四法是常樂我淨的，所以四法不叫做空。這些叫做內外俱空。善男子！有為空就是有為之法都是空的。所謂內空、外空、內外空、常樂我淨空、眾生壽命如來法僧第一義空。這當中的佛性不是有為法，所以佛性不是有為法空。這些叫做有為空。善男子！菩薩摩訶薩如何觀無為空？此無為法都是空，所謂無常、苦、不淨、無我，陰界入、眾生壽命相，有為、有漏、內法、外法。無為法中佛等四法，不是有為不是無為。因為**其性為善所以不是無為，因為性常**

皆是空，所謂內空、外空、內外空、常樂我淨空、眾生壽命如來法僧第一義空。是中佛性，非有為法，是故佛性非有為法空。是名有為空。善男子！云何菩薩摩訶薩觀無為空？是無為法，悉皆是空，所謂無常、苦、不淨、無我、陰界入、眾生、壽命相、有為、有漏、內法、外法。無為法中，佛等四法，非有為，非無為。性是善故，非無為，性常住故，非有為。是名菩薩觀無為空。

住所以不是有為。這叫做菩薩觀無為空。

善男子！云何菩薩摩訶薩觀於大空？善男子！言大空者，謂般若波羅蜜，是名大空。善男子！菩薩摩訶薩得如是空門，則得住於虛空等地。

善男子！我今於是大眾之中說如是等諸空義時，有十恒河沙等菩薩摩訶薩，即得住於虛空等地。善男子！菩薩摩訶薩住是地已，於一切法中，無有滯礙、繫縛、拘執，心無迷悶，以是義故，名虛空等地。

善男子！譬如虛空，於可愛色，

善男子！菩薩摩訶薩如何觀照大空？善男子！**所謂大空就是般若波羅蜜，叫做大空**。善男子！菩薩摩訶薩得到這樣的空門，則能住於虛空之地。

善男子！我現在於此大眾之中解說此等空義時，有十恆河沙等菩薩摩訶薩，已經能夠住於虛空等地。善男子！菩薩摩訶薩住此地後，對一切法中沒有滯礙，不會被綁住，沒有拘束沒有執著，心中都很篤定，沒有迷悶，因此叫做虛空等地。

善男子！譬如虛空對於可愛的物相不生貪著，對不愛的物相中也不生瞋恚。菩薩摩訶薩住在此地中也是如此。對於好惡之色心無貪恚。善男子！

不生貪著；不愛色中，不生瞋恚。菩薩摩訶薩住是地中，亦復如是，於好惡色，心無貪、恚。善男子！譬如虛空，廣大無對，悉能容受一切諸法。菩薩摩訶薩住是地中亦復如是，廣大無對，悉能容受一切諸法，以是義故，復得名為虛空等地。

善男子！菩薩摩訶薩能如是知得四無礙：法無礙、義無礙、辭無礙、樂說無礙。法無礙者，知一切法及法名字。義無礙者，知一切法所有諸義，

比如虛空廣大沒有相對，能容納一切諸法。菩薩摩訶薩住在此地中也是如此，很廣大、沒有相對，能夠容受一切諸法，因此才叫做虛空等地（與虛空同等）。

善男子啊！菩薩大菩薩，能夠如此知就能**得四種無礙。第一為法無礙，二為義無礙，三為辭無礙，四為樂說無礙**。所謂法無礙，就是知一切法，以及法的名字。義無礙就是知道一切法所有的諸義，能隨著諸法所立的名字，而解其中的真義。辭無礙就

能隨諸法所立名字而為作義。辭無礙者，隨字論正音、論闡陀、論世辯論。樂說無礙者，所謂菩薩摩訶薩凡所演說無有障礙、不可動轉、無所畏省、難可摧伏。」

是，隨字論、正音論、闡陀論（講述音韻等之論書，屬於吠陀之輔助學）、世辯論。樂說無礙就是所謂菩薩大菩薩，凡所有的演說，都不會有所障礙，都不可以動轉，無所畏懼，難以被制伏。

第16卷　梵行品第二十之三

世間的疑惑是那些？
這跟菩薩的所知、所見、所覺是一樣的嗎？

【要義】

梵行品第二十之三

說明佛所說法，菩薩能知見覺，是由於菩薩念佛、法、僧六念處等。

梵行品第二十之三

迦葉復言：「喜之與樂，有何差別？」

「善男子！菩薩摩訶薩不作惡時，名為歡喜；心淨持戒，名之為樂。善男子！菩薩摩訶薩觀於生死則名為喜，見大涅槃名之為樂。下名為喜，上名為樂。離世共法名之為喜，得不共法名之為樂。以戒淨故，身體輕柔，口無麁過，菩薩爾時，若見、若聞、若輕、若甞、

迦葉菩薩又說：「歡喜與快樂，有什麼差別呢？」

佛陀說：「善男子啊！菩薩大菩薩，不作惡時，叫做歡喜，心淨而持戒，叫做樂。善男子啊！**菩薩大菩薩，觀察於生死，則叫做喜，見大涅槃，就叫做樂**。下的就叫做喜，上的則叫做樂。離世間的共法（佛教內諸宗諸流派共通之法），叫做喜，得不共法，則叫做樂。因為戒清淨的緣故，身體輕柔，口也沒有粗語的過失。菩薩這時，不管是見，或者是聞，是嗅，是嚐，是觸，是知（六根的作用）皆沒有種種的惡。因為沒有惡，心得安隱，因

若觸、若知悉無諸惡，以無惡故心得安隱，以安隱故則得靜定，得靜定故得實知見，實知見故厭離生死，厭生死故則得解脫，得解脫故得見佛性，見佛性故得大涅槃，是名菩薩清淨持戒，非世間戒。何以故？善男子！菩薩摩訶薩所受淨戒，五法佐助。云何為五？一信、二慚、三愧、四善知識、五宗敬戒；離五蓋故。所見清淨，離五見故。心無疑網，離五疑故：一者疑佛、二者疑法、

為安隱，則得靜定。**因為得靜定，則得實知見**。由於真實知見之故，會厭離生死，厭離生死之故，則得解脫，因為得解脫，得見佛性，因為見佛性，得大涅槃。這叫做菩薩的**清淨持戒**，並非世間之戒。為甚麼呢？善男子啊！菩薩大菩薩所受的淨戒，有五法支持。哪五法呢？第一為信，第二為慚，為三為愧，第四為善知識，第五為增敬戒。由於離五蓋（五煩惱）的緣故，所見的都清淨，離五見（五邪見）的緣故。心沒有如網般的疑問，是因為**離五疑**的緣故，**五疑就是一、疑佛，二、疑法，三、疑僧，四、疑戒，五、疑不放逸**。由於離此五疑的緣故，菩薩這時就會得五根，所謂信、念、精進、定、慧。得五根的緣故，就會得五種涅槃，所謂色解脫，以

三者疑僧、四者疑戒、五者疑不放逸。菩薩爾時即得五根，所謂信、念、精進、定、慧。得五根故，得五種涅槃，謂色解脫，乃至識解脫。是名菩薩清淨持戒，非世間也。善男子！是名世間之所不知、不見、不覺，而是菩薩所知、見、覺。」

「復次，善男子！云何復名一切世間所不知見覺，而是菩薩所知、見、覺？所謂六念處。何等為六？念佛、念法、念僧、念戒、念施、念天。」

至識解脫（解脫五陰之縛結）。這叫做菩薩的清淨持戒，並非世間之戒。善男子啊！這是世間人所不知、不見、不覺，而是**菩薩的所知、所見、所覺。**」

「再者，善男子啊！什麼又是一切世間所不能知見覺，而是菩薩之所知見覺呢？就是所謂的六念處。是哪六念呢？念佛、念法、念僧、念戒、念施、念天。」

第17卷　梵行品第二十之四

佛陀世尊的金剛智，
能治療眾生所有的病苦及消除所有的眾罪嗎？

【要義】

梵行品第二十之四

佛說阿闍世王歸佛的因緣，也為一闡提說法，並為阿闍世王說應索心觀身二十事等使發菩提心。

梵行品第二十之四

如王所言無能治者，大王當知：迦毘羅城淨飯王子——姓瞿曇氏，字悉達多——無師覺悟，自然而得阿耨多羅三藐三菩提。三十二相、八十種好莊嚴其身，具足十力、四無所畏，一切知見。大慈大悲，憐愍一切如羅睺羅，隨善眾生如犢逐母。知時而說，非時不語，實語、淨語、妙語、義語、法語、一語，能令眾生永離煩惱。

如王所說有不能治療的人，並非如此。大王應當知道：迦毘羅城淨飯王（釋尊的父王）之子，姓瞿曇，名叫悉達多（一切事成就），無師而自悟，自然已證得了無上正等正覺。具有了三十二相，八十種妙好，以莊嚴其身，已具足了十力、四無所畏，了知一切。大慈大悲，憐憫一切眾生，有如其獨生子羅睺羅，善能隨順眾生，如犢子逐牛母一樣。知道根據時機說法，非時要則不語。以實語、淨語、妙語、義語、法語、一語，能讓眾生永恆遠離煩惱。善於了知眾生的諸根心性，而隨宜方便，沒有不通達的。他的智慧高而大，有如須彌山。深

善知眾生諸根心性，隨宜方便無不通達。其智高大如須彌山，深邃廣遠猶如大海。是佛世尊有金剛智，能破眾生一切惡罪。若言不能，無有是處。

今者去此十二由旬，在拘屍那城娑羅雙樹間而為無量阿僧祇等諸菩薩、僧演種種法：若有、若無，若有為、若無為，若有漏、若無漏，若煩惱果、若善法果，若色法、若非色法、若非色非非色法，若我、若非我、若非我非非我，若常、若

邃廣遠則如大海。這位佛陀世尊，有金剛智，能破除眾生的一切罪惡。假如說不能治療大王之病，是不可能的事。

現在離開這裡十二由旬之處，在拘屍那城外的娑羅雙樹間，為了廣大無量阿僧祇等諸菩薩僧眾，演說種種法：若有、若無，若有為、若無為，若有漏、若無漏，若煩惱果、若善法果，若色法、若非色法，若非色非非色法，若我、若非我，若非我非非我，若常、若非常，若非常非非常，若樂、若非樂，若非樂非非樂，若相、若非相，若非相非非相，若斷、若非斷，若非斷非非斷，若世、若出世，若

非常、若非常非非常，若樂、若非樂、若非樂非非樂，若相、若非相、若非相非非相，若斷、若非斷、若非斷非非斷，若世、若出世、若非世非出世，若乘、若非乘、若非乘非非乘，若自作自受、若自作他受、若無作無受。大王！若當於佛所聞無作、無受，所有重罪即當消滅。

非世非出世，若乘、若非乘，若非乘非非乘，若自作自受，若自作他受，若無作無受。大王！您如果在佛所在之處，聽聞無作無受的教理後，所有的重罪，自然就會消滅。

第18卷　梵行品第二十之五
嬰兒行品第二十一

無常之因會生出常的現象嗎？
為什麼如來雖然為了一切眾生而演說諸法，
但實際上並沒有說？

【要義】

梵行品第二十之五

佛為阿闍世王說應索心觀身二十事等使發菩提心，最後結說〈天行品〉「如雜花（即《華嚴經》）說」。

嬰兒行品第二十一

說明如來如嬰兒不起諸法相、不著一切諸法、身行不動搖、已到大般涅槃、雖為眾生演說諸法而實無所說，故菩薩應修嬰兒行。

本品文意，嬰兒行有幾個特徵：一不能起住來去語言，二雖未知正語但能識物，三能說婆啝大字，四不知苦樂晝夜父母，五不能造作大小諸事。佛用上述嬰兒特徵，來開示佛菩薩的境界，並以「黃葉充金止小兒啼」說佛性的大涅槃義。

梵行品第二十之五

「大王！眾生狂惑凡有四種：一者、貪狂，二者、藥狂，三者、呪狂，四者、本業緣狂。大王！我弟子中有是四狂，雖多作惡，我終不記是人犯戒。是人所作不至三惡，若還得心亦不言犯。王今貪醉，非本心作。若非本心，云何得罪？

大王！譬如幻師，四衢道頭幻作種種男、女、象、馬、瓔珞、衣服。愚癡之人謂為真

「大王！眾生狂惑，有四種，第一為貪狂，第二為藥狂，第三為咒狂，第四為本業緣狂。大王！我的弟子當中，有此四狂。雖然多作惡業，但是我最終並不會去記住此人犯戒，此人所作的惡業，不至於墮於三惡道。大王現今貪醉，故非本心所作的，若不是本心之作，怎麼會得罪報呢？

大王！譬如幻術師，在於十字路，作種種的幻化，如化男女、象馬、瓔珞、衣服等人物。愚癡的人一看，會誤認為是事實，諸佛世尊知道這並不是

實，有智之人知非真有。殺亦如是，凡夫謂實，諸佛世尊知其非真。

大王！譬如山間響聲，愚癡之人謂之實聲，有智之人知其非真。殺亦如是，凡夫謂實，諸佛世尊知其非真。

大王！如人有怨，詐來親附。愚癡之人謂為實親，智者了達乃知虛詐。殺亦如是，凡夫謂實，諸佛世尊知其非真。」

真實的。

大王！譬如山谷的響聲，愚癡的人稱為真實的聲響，有智慧的人，知道不是真實的聲音。殺害也是如此，凡夫以為是實在，諸佛世尊知道這並不是真實的。

大王！就像有怨懟的惡人，偽裝來親近依附。愚癡的人以為是真實，智者因為知道背後的計謀，知道對方是為虛偽詐騙而來。殺害也是如此，**凡夫以為實在，諸佛世尊知道這不是真實的。」**

「大王！色是無常，色之因緣亦是無常。從無常因生，色云何常？乃至識是無常，識之因緣亦是無常。從無常因生，識云何常？以無常故苦，以苦故空，以空故無我。若是無常、苦、空、無我，為何所殺？殺無常者得常涅槃，殺苦得樂，殺空得實，殺於無我而得真我。大王！若殺無常苦、空、無我者，則與我同。我亦殺於無常苦、空、無我，不入地獄。汝云何入？」

「大王！色是無常，色的因緣，也是無常。由於無常之因而生的色，怎麼能為常呢？以至於識也是無常，識的因緣也是無常。由於無常之因的識，怎麼為能為常呢？因為是無常，所以是苦，因為是苦，所以是空，因為是空，所以是無我，如果是無常、苦、空、無我的話，有甚麼地方可殺害呢？殺害無常（也是等於是斷滅無常）的話，就會得真常的涅槃，殺害苦的話，就會得樂。殺害空就會得實在，殺害無我的話，就會得真我。大王！如果殺害無常、苦、空、無我的話，就會和我同樣。我也是殺此無常、苦、空、無我，而不會入地獄，你怎麼會入地獄呢？」

爾時，世尊讚阿闍世王：

「善哉，善哉。若有人能發菩提心，當知是人則為莊嚴諸佛大眾。大王！汝昔已於毘婆屍佛初發阿耨多羅三藐三菩提心，從是已來至我出世，於其中間未曾墮於地獄受苦。大王當知：菩提之心乃有如是無量果報。大王！從今已往常當勤修菩提之心。何以故？從是因緣當得消滅無量惡故。」

爾時，阿闍世王及摩伽陀舉國人民從座而起，繞佛三匝，

這時，世尊讚歎阿闍世王：「很好，很好。假如有人能發菩提心的話，應當知道此人就是莊嚴諸佛以及大眾的。大王！你在於過去世，在毗婆屍佛（勝觀佛，為過七佛之第一。釋尊於修滿三大阿僧祇劫時，遇到此佛，始修百大劫之種相）之處，發無上正等正覺之心。從那個時候以來，直到我出現於世，在這期間內，未曾又墮入地獄去受苦過。大王當知！發菩提之心，有這樣無量的果報。大王！從今以後，要勤修菩提之心。為甚麼呢？因為由於這種因緣，得以消滅無量的罪惡。」

這時，阿闍世王以及摩伽陀國的一切人民，都從座而起，都繞佛三匝之後，辭退佛陀，回到原來

辭退還宮。

天行品者如《雜花》說。

嬰兒行品第二十一

善男子！云何名嬰兒行？善男子！不能起、住、來、去、語言，是名嬰兒。如來亦爾，不能起者，如來終不起諸法相；不能住者，如來不著一切諸法；不能來者，如來身行無有動搖；不能去者，如來已到大般涅槃；不能語者，如來雖為一切眾生演說諸法，實無所

的國家。

天行品者，如《雜華經》（《華嚴經》）所說的。

善男子啊！為什麼叫做嬰兒行呢？善男子啊！因為嬰兒不能起、住、來、去、語、言等事，因此叫做嬰兒行。如來也是如此，不能起就是說如來終究不起諸法相。不能住就是指如來不住著於一切諸法。不能來就是指如來的身行並沒有動搖。不能去就是指如來已到大般涅槃。不能語則謂**如來雖然為了一切眾生而演說諸法，但實際上並沒有說**。為什麼呢？因為**有所說，就是有為法**。如來世尊並不是有為法，因此並沒有說。又所謂無語，嬰兒的言語

說。何以故？有所說者，名有為法；如來世尊非是有為，是故無說。又，無語者，猶如嬰兒言語未了，雖復有語，實亦無語。如來亦爾，語未了者即是諸佛祕密之言。雖有所說，眾生不解，故名無語。

又，嬰兒者，名、物不一，未知正語。雖名、物不一，未知正語，非不因此而得識物。如來亦爾，一切眾生方類各異，所言不同，如來方便隨而說之，

不能充分表達出他的心意，雖然有說，實在是沒有說。如來也是這樣，眾生未開悟之前很難領會，是諸佛秘密之言。因為雖然有所說，但是眾生卻不能瞭解，所以是無語。再者，嬰兒不能將概念與具體事物對上號，因此未能用正確的語言來表達名相，但這並不妨礙嬰兒認識實物。如來也是這樣，一切眾生因地方種族不同，所說的方言有異，如來方便隨順說法，一切眾生都能隨類得解。

又嬰兒能說大字（若人在嬰兒哭聲中，見到嬰兒凡有所說，上通天、下複地，天表無為有常的婆，地表有為無常的啝，這就是婆啝大字的嬰兒行）。如來也是如此，也是說大字，所謂婆啝。啝（梵語第四十二音）就是有為，婆（梵語第三十六字）就

亦令一切因而得解。

又，嬰兒者，能說大字。如來亦爾，說於大字，所謂婆啝。啝者，有為；婆者，無為。是名嬰兒。啝者，名為無常；婆者，名為有常。如來說常，眾生聞已，為常法故斷於無常，是名嬰兒行。

是無為。這叫做嬰兒。又啝叫做無常，婆叫做有常。如來說常法，眾生聽了之後，因為常法會斷除無常，這就叫做嬰兒行。

第19卷　光明遍照高貴德王菩薩品
第二十二之一

菩薩執持大涅槃鏡會看見什麼樣的景象？

【要義】

光明遍照高貴德王菩薩品第二十二之一

佛對高貴德王菩薩說修行涅槃經十種之功德。第一功德有五類：其一為不能聽到的，而能得以聽到。其二為聽到後能有利益。其三為能斷除疑惑之心。其四為慧心正真無曲。其五為能知如來的密藏。

光明遍照高貴德王菩薩品第二十二之一

爾時，世尊告光明遍照高貴德王菩薩摩訶薩言：「善男子！若有菩薩摩訶薩修行如是《大涅槃經》，得十事功德，不與聲聞、辟支佛共，不可思議，聞者驚怪。

何等為十？一者有五。何等為五？一者、所不聞者而能得聞，二者、聞已能為利益，三者、能斷疑惑之心，四者、

這時，世尊告訴光明遍照高貴德王菩薩大菩薩說：「善男子啊！假如有菩薩摩訶薩，修行《大般涅槃經》的話，就能得到十事功德，此十事的功德，是聲聞辟支佛不能共同而有的，為不可思議的，會使聽聞過的人驚歎怪異。

是哪十種的功德呢？第一功德有五類。哪五種了？其一為不能聽到的，而能得以聽到。其二為聽到後能有利益。其三為能斷除疑惑之心。其四為慧心正真無曲。其五為能知如來的密藏，以上就是第

慧心正直無曲，五者、能知如來密藏，是為五事。

何等不聞而能得聞？所謂甚深微密之藏：一切眾生悉有佛性，佛、法、眾僧無有差別，三寶性相常、樂、我、淨，一切諸佛無有畢竟入涅槃者，常住無變。

聞已利益者，若能聽受是《大涅槃經》，悉能具知一切方等大乘經典甚深義味。譬如男女於明淨鏡見其色像，了了分明；大涅槃鏡亦復如是，菩

一功德之五事。

甚麼叫做不能聽到之事，而能得以聽到呢？就是所謂甚深微妙的奧義：一切眾生都具有佛性，佛、法、眾僧，都沒有差別，三寶的性相是常、樂、我、淨，一切諸佛沒有畢竟入於涅槃者，是常住而不變的。

聞後能有利益。如果能聽受此《大般涅槃經》的話，則皆能具知一切方等大乘經典甚深的奧義。比如有男女，在於明淨的鏡中，看見其色像，而能了了分明一樣。大涅槃鏡也是如此，菩薩執持此鏡，能夠完全明晰見得大乘的經典甚深的奧義。

薩執之，悉得明見大乘經典甚深之義。

慧心正直無邪曲者，心若有疑，則所見不正。一切凡夫若不得聞是大涅槃微妙經典，所見邪曲，乃至聲聞辟支佛人，所見亦曲。云何名為一切凡夫所見邪曲？於有漏中見常樂我淨；於如來所，見無常、苦、不淨、無我；見有眾生、壽命、知見；計非有想非無想處，以為涅槃；見自在天有八聖道；有見、斷見；如是等見，名為

智慧之心正直無邪曲，心裡若存在疑惑，那麼所見的會不正確。一切凡夫如果不得聽此大涅槃微妙的經典的話，他們所見的便會邪曲，甚至是聲聞眾、辟支佛眾等人，所見的也會是歪曲而不正確的。**一切凡夫所見的都是邪曲**，是指什麼呢？就是**凡夫將有漏煩惱，當成是常、樂、我、淨；卻將如來當成無常、苦、不淨、無我；認定有眾生、壽命、知見的存在**，認為非有想、非無想處天是存在的，以為是涅槃；見自在天有八聖道，有存在、斷滅（不存在）這些見解，這些見解便是邪曲的思想。菩薩大菩薩若是能夠聽聞此大涅槃經，而修行聖行

邪曲。菩薩摩訶薩若得聞是大涅槃經，修行聖行，則得斷除如是邪曲。」

的話，就能得以斷除這些邪曲的見解。」

第20卷　光明遍照高貴德王菩薩品
第二十二之二

為何修行大涅槃的人，
能以一相觀察，不會生起眾生的差別相？

【要義】

光明遍照高貴德王菩薩品第二十二之二

佛對光明遍照高貴德王菩薩說如來是常，且斷離三漏。菩薩善能觀察現象的實相，能以相觀察，而不起眾生的差別相，所以不會在男女的差別相中生起貪愛。

光明遍照高貴德王菩薩品第二十二之二

亦非非常。何以故？生永斷故。有生之法名曰無常，無生之法乃名為常，如來無生是故為常。常法無性，有性之法名曰無常，如來無生、無性，無生無性故常。有常之法遍一切處，猶如虛空無處不有，如來亦爾，遍一切處，是故為常。無常之法，或言此有、或言彼無，如來不爾，不可說言是處

如來也不是非常。為什麼呢？因為如來已經永斷生死。有生的現象，稱之為無常，無生的現象，稱之為常。如來已斷生死，為無生，所以是常。而常法沒有本性。有性的現象，稱為無常，**如來沒有生沒有本性，因為沒有生沒有本性，所以是常**。常的現象會遍及任何地方，就像虛空無處不在，如來也是這樣，遍一切處，所以是常。無常的現象，可能這裡有，那裡沒有，如來則不是這樣，不能說他這裡有，那裡沒有，所以是常。無常的現象，有時有，有時沒有，如來並不是這種有時有，有時沒

有、彼處無，是故為常。無常之法，有時是有、有時是無，如來不爾有時是有有時是無，是故為常。常住之法無名無色，虛空常故無名無色，如來亦爾無名無色，是故為常。常住之法無因無果，虛空常故無因無果，如來亦爾無因無果，是故為常。常住之法三世不攝，如來亦爾三世不攝，是故為常。

如來非幻。何以故？永斷一切虛誑心故，是故非幻。亦非非幻。何以故？如來或時分

有，所以是常，常住的現象，沒有名相沒有色相，虛空因為是常，所以沒有名相沒有色相，**如來也是這樣，沒有名相沒有色相，所以是常**。常住的現象，沒有因、沒有果，就好像虛空因為是常，所以沒有因、沒有果。如來也是這樣，沒有因、沒有果，所以是常。**常住的現象，過去、現在、未來三世不能包攝，如來也是這樣，也是不被三世所包攝，所以是常**。

如來不是幻化的，為什麼呢？因為如來永斷一切的虛誑心，所以不是幻化而有。如來也不是非幻化身。為什麼呢？因為如來有時分此一身分別幻化

此一身為無量身，無量之身復為一身，山壁直過無有障礙，履水如地，入地如水，行空如地，身出煙焰如大火聚，雲雷震動其聲可畏，或為城邑、聚落舍宅、山川樹木，或作大身或作小身、男身女身、童男童女身，是故如來亦非非幻。如來非定。何以故？如來於此拘尸那城娑羅雙樹間，示現入於般涅槃故，是故非定。亦非非定。何以故？常樂我淨故，是故如來亦非非定。如來非有漏。

為無量身，或將無量身，又化為一身。出入牆壁可以直接穿越，毫無障礙。走在水面上像走在平坦的路上，進入地下猶如入水，飛行在空中，有如在地上行走，身上會出煙火烈焰，有如大火聚燒。如來如雲雷震動，聲音令人敬畏。如來有時化為城邑、聚落、房舍、山川、樹木；有時化作大身形，有時化作小身形，也化作男身、女身、童男、童女身，所以如來也不是非幻。如來不具定性。為什麼呢？因為如來在此拘尸城娑羅雙樹間，示現入於般涅槃，**所以不具定性。但是如來也不是不具定性**。為什麼呢？因為如來是常樂我淨，所以如來也不是不具定性。

如來不是有漏，為什麼呢？因為已斷離三漏。

何以故？斷三漏故，故非有漏。三漏者，欲界一切煩惱，除無明，是名欲漏。色、無色界一切煩惱，除無明，是名有漏。三界無明，名無明漏。如來永斷，是故非漏。

復次，菩薩摩訶薩修大涅槃經者，不著眾生相、作種種法相。善男子！譬如畫師，以眾雜彩畫作眾像，若男、若女、若牛、若馬。凡夫無知，見之則生男、女等相；畫師了知無有男、女。菩薩摩訶薩亦復如

三漏為欲漏、有漏、無明漏。欲漏為欲界的一切煩惱，除了無明之外，這就是欲漏；有漏為色界、無色界的一切煩惱，除了無明之外，這就是有漏。無明漏為存在於欲、色、無色之三界中的根本煩惱－無明，這就是無明漏。如來已經永久斷除以上這三漏，所以不是有漏。

再者，菩薩大菩薩，**修行大涅槃的人，不會執著於眾生相**，也不會對種種現象生起差別相的念頭。善男子啊！譬如畫師，用種種不同的顏色，畫成許多的畫像，有男、有女、有牛、有馬。**凡夫因無知的緣故，看到以後，就會生起男女等等差別相。**但是畫師瞭解根本不存在男女。**菩薩大菩薩也是如此，對於現象所產生的不同相，能以一相觀**

是，於法異相觀於一相，終不生於眾生之相。何以故？有念慧故。

菩薩摩訶薩修大涅槃，或時覩見端正女人，終不生於貪著之心。何以故？善觀相故。

察，**終究不會生起眾生的差別相**。為什麼呢？因為具有智慧的心念。

菩薩大菩薩因為修習大涅槃，就算看到相貌端正的女人，終究不會生起貪著的念頭。為什麼呢？因為**善能觀察現象的實相**。

第21卷　光明遍照高貴德王菩薩品 第二十二之三

為何貪愛有如偽善的仇敵？是如何欺騙迷惑眾生的？

【要義】

光明遍照高貴德王菩薩品第二十二之三

佛說貪愛讓人樂，卻並非真實相，像偽善的仇敵迷惑一切眾生。樂有兩種，凡夫之樂本質是無常而會敗壞的，所以並不是真正的快樂；諸佛之樂了知一切，是恆常而不會改變的，所以叫做大樂，才是真實樂。另說如來得自在，一念不生，非計慮、不著相，所以稱為大我，因為有大我，才叫大涅槃。

光明遍照高貴德王菩薩品第二十二之三

有智之人以善方便得脫五陰。善方便者，即八聖道、六波羅蜜、四無量心，以是方便而得解脫，身心不為五陰所害。

詐親善者，名為貪愛。菩薩摩訶薩深觀愛結，如怨詐親，若知實者則無能為，若不能知必為所害。貪愛亦爾，若知其性，則不能令眾生輪轉生死苦中，如其不知，輪迴六趣具受

有智慧的人，以各種善巧方便的方法，得以脫離五蘊之害。所謂善巧方便的方法，就是八聖道、六度波羅蜜、四無量心。用這些方便法，而能獲得解脫，讓身心不會再被五蘊所害。

偽裝親善的人，便是貪愛。菩薩大菩薩深切觀察這貪愛的結縛，有如怨敵假裝偽善一樣，如果能夠實際了知的話，他便不能有所作為，如果不知內情的話，就必定會要遭到他的危害。貪愛也是這樣。如果瞭解貪愛的本質，就不會使眾生輪轉於生死的苦海中，如果不瞭解的話，就會輪迴於六趣，

眾苦。何以故？愛之為病，難捨離故。如怨詐親難可遠離，怨詐親者，常伺人便，令愛別離，怨憎合會。愛亦如是，令人遠離一切善法，近於一切不善之法。

云何名為怨詐親相？如怨不實詐現實相，不可親近詐現近相，實是不善詐現善相，實是不愛詐為愛相。何以故？常伺人便，欲為害故。愛亦如是，常為眾生非實詐實、非近詐近、非善詐善、非愛詐愛，常誑一

受盡種種的苦惱。為什麼呢？因為**貪愛最大的問題，就是讓人很難捨離**。有如怨敵假裝偽善一樣，令你很難遠離。**偽善的怨敵，經常都窺伺著機會，讓愛的事物別離，使怨憎的事物相會**。貪愛也是如此，會使人遠離一切的善法，而親近於一切不善之法。

為什麼叫做怨詐親相呢？偽善者就像仇敵不老實，卻偽裝成真實相，不可親近，卻偽裝成可親近般，實在不是善法，卻裝成善法樣，實在是不愛，卻裝成可愛的外相。為什麼呢？因為偽善者經常要等待機會害人。貪愛也是如此，經常在眾生面前，不是真實偽裝成真實，不可親近偽裝成可親近，不善之法偽裝成善法，不愛偽裝成愛，恆常欺騙迷

切，輪迴生死。以是義故，菩薩觀愛如怨詐親。

怨詐親者，但見身、口，不覩其心，是故能誑。愛亦如是，唯為虛誑，實不可得，是故能惑一切眾生。怨詐親者，有始有終，易可遠離；愛不如是，無始無終，難可遠離。怨詐親者，遠則難覺，近則易知；愛不如是，近尚難知，況復遠耶？以是義故，菩薩觀愛過於詐親。

一切眾生以愛結故，遠大

惑一切眾生，使他們在輪迴於生死中。基於這個道理，菩薩觀察貪愛有如偽善的仇敵。

偽善的仇敵，因為只能看到身與口，而不能見到他的心，因此會遭到欺誑。貪愛也是如此，只有虛誑，沒有真實相，所以能迷惑一切眾生。偽善的仇敵因為有時間性，容易可以遠離。貪愛就不是這樣，貪愛無始無終，難以遠離。偽善的仇敵，在距離遠時，就很難察覺，但是近的時候便容易察覺。貪愛就不是這樣，即使近在身邊，也難察覺，更何況是遙遠的距離，哪裡會知道呢？基於這個道理，菩薩觀察貪愛的過患，勝過於偽善的仇敵。

一切眾生由於貪愛的煩惱而遠離大涅槃，常隨涅槃、近於生死；遠常、樂、我、淨，近無常、苦、無我、不淨。是故，我於處處經中說為三垢。於現在事以無明故，不見過患、不能捨離。愛怨詐親終不能害有智之人。是故，菩薩深觀此愛生大怖畏，修八聖道。

云何復名為大涅槃？有大我故，名大涅槃。涅槃無我，大自在故，名為大我。云何名為大自在耶？有八自在，則名為我。何等為八？

生死流轉，遠離常樂我淨，常隨世間的無常、苦、無我、不淨。因此我在每一部經中說明三垢（三毒，貪瞋癡）。對於眼前的事物，因為無明的作用，不能見到其中的禍害，因而不能捨離貪愛。這貪愛有如偽善的敵人，終究不能傷害有智慧的人。所以菩薩深切觀察這貪愛以後，生起巨大的畏懼心，而修習八聖道。

為什麼又叫大涅槃呢？**因為有大我，才叫大涅槃**。涅槃的本質是無我，但獲得大自在，所以稱為大我。什麼叫做大自在呢？有八種自在，就稱為大我。那八種呢？

一者、能示一身以為多身，身數大小猶如微塵，充滿十方無量世界。如來之身實非微塵，以自在故現微塵身，如是自在則為大我。

二者、示一塵身滿於三千大千世界，如來之身實不滿於三千大千世界。何以故？以無礙故，直以自在故，滿於三千大千世界，如是自在，名為大我。

三者、能以滿此三千大千世界之身輕舉飛空，過於二十

第一是**能示現一身變為多身**。這身量的大小就像微塵一般，充滿於十方無量的世界。但如來的身相，實際上並不是微塵，因**能自在運用之故**，**能示現如微塵的身相**。這樣的自在身，就叫做大我。

第二為**能示現一微塵大小的身相，充滿於三千大千世界**。但如來的身相實際不充滿於三千大千世界，然而為什麼能充滿呢？**因為如來已得無礙，獲得大自在，才能充滿於三千大千世界**。這種自在，就叫做大我。

第三是**能以這充滿此三千大千世界的身相，輕輕地飛行於空中，經過二十恆河沙相等量的諸佛世**

恒河沙等諸佛世界而無障礙。如來之身，實無輕重，以自在故能為輕重，如是自在名為大我。

四者、以自在故而得自在。云何自在？如來一心安住不動，所可示化無量形類，各令有心。如來有時或造一事，而令眾生各各成辦。如來之身常住一土，而令他土一切悉見。如是自在名為大我。

五者、根自在故。云何名為根自在耶？如來一根，亦能

界，**而毫無障礙**。如來的身相，實在並沒有輕重之別，因為已獲得自在，能示現為輕重。這樣的自在，就是大我。

第四就是因為已獲得自在，而能自在行事。怎樣自在呢？如來能一心安住不動，而示現化為無數形類的眾生，這無數的眾生都各具其心。如來有時或許只做一件事，而能使所有眾生都能各自滿足自己的希求。如來的身相恆常安住在某一佛土，而能令其他佛土的一切眾生都能看到。這樣的自在身，就是大我。

第五就是六根自在。怎麼說是六根自在呢？因為如來用一根的功能，也能見色相、聽到聲音、嗅

見色、聞聲、嗅香、別味、覺觸、知法。如來六根，亦不見色、聞聲、嗅香、別味、覺觸、知法。以自在故，令根自在，如是自在名為大我。

六者、以自在故得一切法，如來之心亦無得想。何以故？無所得故。若是有者可名為得，實無所有云何名得？以無得故名得涅槃，以自在故得一切法，得諸法故名為大我。

七者、說自在故。如來演說一偈之義，經無量劫，義亦

到香味、分別味道、感覺觸摸、了知心念。但其實如來的六根，並沒有這些見色、聞聲、嗅香、別味、覺觸、知法的現象。只因為已獲得自在，能讓六根自在。這樣的自在身，就是大我。

第六就是因為自在，能得一切法，而如來心沒有所得的想法。為什麼呢？因為沒有所得。如果為有的話，就可以叫做得。由於無所得，所以叫做得涅槃，因為自在所以得一切法，因為得諸法，所以叫做名叫大我。

第七就是因為說自在。如來演說一偈的義理，經過無量劫，這個義理也說不盡。不管是戒，或

不盡，所謂若戒、若定、若施、若慧，如來爾時都不生念，我說彼聽；亦復不生一偈之想，世間之人以四句為偈，隨世俗故說名為偈；一切法性亦無有說，以自在故如來演說，以演說故名為大我。

八者、如來遍滿一切諸處，猶如虛空。虛空之性不可得見，如來亦爾實不可見，以自在故令一切見，如是自在名為大我，如是大我名大涅槃，以是義故名大涅槃。

者是定，或者是施，或者是慧，如來這時都不會生起如下的念頭，我說你聽。也不生一偈的想法。世間的人如果以四句為一偈，為了隨順世俗，而說是偈。一切法性，本沒有可說，因為自在的能力，如來才能演說。因為能演說，所以叫大我。

第八就是如來遍滿於一切諸處，猶如虛空。虛空的本性不可得見，如來也是如此，真實不可見，而因為自在的能力才使一切得以看見。如此自在，就叫做大我，如此的大我，就叫做大涅槃。基於這個道理，叫做大涅槃。

又次，善男子啊！樂有二種，一為凡夫，二為諸佛。凡夫之樂，乃為無常，而會敗壞，因此之故，名叫無樂。諸佛則常樂，並沒有變異，故名大樂。

又次，善男子啊！有三種受。第一為苦受，第二為樂受，第三為不苦不樂受。不苦不樂，仍然為苦。涅槃雖然同於不苦不樂，但是乃名大樂，由於大樂之故，名叫大涅槃。第二為大寂靜之故，名叫大樂。涅槃之性乃是大寂靜。為什麼呢？

再者，善男子啊！樂有二種，一為凡夫之樂，二為諸佛之樂。**凡夫之樂，本質是無常而會敗壞的，所以並不是真正的快樂。諸佛之樂是恆常而不會改變的，所以叫做大樂**。

再者，善男子啊！人有三種感受。第一為苦受，第二為樂受，第三為不苦不樂受。不苦不樂，也是一種苦。涅槃雖然一樣是不苦不樂，但卻是大樂，由於是大樂，所以稱為大涅槃。

第二是因為處於大寂靜的境界，才稱為大樂。涅槃的本質是大寂靜。為什麼呢？因為遠離一切憒鬧的現象。因為是大寂靜，才稱為大涅槃。

第三是因為**能了知一切，才稱為大樂**。如果不能了知一切，就不能稱為大樂。諸佛如來因為能了因為遠離一切憒鬧法之故。由於大寂之故，名叫大涅槃。第三為一切知之故，名叫大樂。如果不是一切知的話，就不名叫大樂。諸佛如來乃一切知之故，名叫大樂。由於大樂之故，名叫大涅槃。第四為身不壞之故，名叫大樂。如果身若壞時，就不名叫樂。如來之身乃為金剛無壞，而不是煩惱身，不是無常身，因此之故，名為大樂，以大樂之故，名叫大涅槃！

知一切，才稱為大樂。因為是大樂，才稱為大涅槃。

第四是因為諸佛的身體不會毀壞，所以稱為大樂。如果身體會敗壞，就不能叫樂。如來的身體有如金剛，不會敗壞，不是有煩惱的身體，不是無常的身體，因此才稱為大樂，因為是**大樂，才稱為大涅槃！**

第22卷　光明遍照高貴德王菩薩品 第二十二之四

內在的神通與外在的神通有何不同？
菩薩修行大涅槃所得的神通，是什麼樣的？
一闡提人、犯四重禁罪、誹謗大乘經等
以及造作五逆罪的人，能證得涅槃嗎？

【要義】

光明遍照高貴德王菩薩品第二十二之四

佛對高貴德王菩薩說菩薩修行涅槃經，可得十種功德。第二與第六種功德為：

（二）起通功德，妙用隨緣。其五種為：(1)昔不得而今得，(2)昔不到而今到，(3)昔不聞而今聞，(4)昔不見而今見，(5)昔不知而今知。其中，(1)、(2)為身通，(3)為天耳通，(4)為天眼通，(5)為他心通、宿命通。

（三）大無量功德，即菩薩無緣大悲心，如虛空無所分別，而能普益一切眾生。

（四）十利益成就功德，十事為：(1)根深難拔，(2)於自身生決定想，(3)不觀福田及非福田，(4)修佛淨土，(5)滅除有餘，(6)斷除業緣，(7)修清淨身，(8)了知諸緣，(9)離怨敵，(10)除二邊。

（五）五事報果成就功德，五事為：(1)諸根完具，六根不缺。(2)不生邊地，常處中國，降化隨物。(3)諸天愛念。(4)一切人天大眾恭敬供養。(5)得宿命智。
上舉五項中，(1)、(2)是報，(3)、(4)為福，(5)為智。

(六)得金剛三昧，為諸三昧中第一。

光明遍照高貴德王菩薩品第二十二之四

通有二種：一者內，二者外。所言外者與外道共。內復有二：一者二乘，二者菩薩。菩薩修行大涅槃經所得神通，不與聲聞辟支佛共。云何名為不與聲聞辟支佛共？二乘所作神通變化，一心作一，不得眾多。菩薩不爾，於一心中，則能具足現五趣身。所以者何？以得如是大涅槃經之勢力故，是則名為昔所不得而今得之。

神通有二種，一種是內在的，一種是外在的。所謂**外在的神通，與外道相同**。內在又有二種：一為二乘所得的神通，二為菩薩菩薩所得的神通。菩薩修行大涅槃經所得的神通，並不和聲聞、辟支佛相同。為什麼不和聲聞、辟支佛相同呢？因為**二乘所展現的神通變化，一心只能一用，而不能多用。**菩薩不是這樣，菩薩於一心當中，則能具足，便能完整地展現五趣的身相。為什麼呢？因為已獲得大涅槃經的勢力，這就是過去未曾得到的，如今都能得到。還有什麼是過去未曾得到的，如今都能得到呢？就是所謂身心都獲得自在。為什麼呢？因為一

又復云何昔所不得而今得之？所謂身得自在、心得自在。何以故？一切凡夫所有身心不得自在，或心隨身，或身隨心。

云何名為心隨於身？譬如醉人，酒在身中，爾時身動，心亦隨動，亦如身懶，心亦隨懶，是則名為心隨於身。又如嬰兒，其身稚小，心亦隨小，大人身大，心亦隨大。又如有人，身體麁澁，心常思念，欲得膏油潤漬令軟，是則名為心隨於身。

切凡夫所有的身心，都不能獲得自在，有的心隨於身，有的身隨於心。什麼叫做心隨於身呢？就像是酒醉的人身體都在酒中一樣。這時身體一動，心也會隨著動。又像身體一懶惰，心也會跟著懶惰。這就是心隨於身。又如嬰兒，因為身體幼小，心也跟著小，大人因為身體高大，心也跟著大。又有人身體如果粗澀的話，心中就會常常思念，想要獲得膏油讓身體潤漬而柔軟，這叫做心隨身而動。

云何名為身隨於心？所謂去、來、坐臥、修行、施、戒、忍辱、精進，愁惱之人身則羸悴，歡喜之人身則肥鮮，恐怖之人身體戰動，專心聽法身則怡悅，悲泣之人涕淚橫流，是則名為身隨於心。菩薩不爾，於身心中俱得自在，是則名為昔所不得而今得之。

復次善男子！菩薩摩訶薩所現身相，猶如微塵，以此微身，悉能遍至無量無邊恒河沙等諸佛世界，無所障礙，而心

什麼叫做身隨心而動呢？就是所謂去來、坐臥，都修行佈施、持戒、忍辱、精進等行為。憂愁煩惱的人，身體便會憔悴，歡喜快樂的人，身體則會肥胖光鮮。心懷畏懼的人，身體便會顫動，專心一意聽法的人，身體便會感到愉悅，悲哀哭泣的人，就會涕淚橫流。這叫做身隨著心而動。菩薩不是這樣，菩薩在於身與心當中，都已得到自在。這叫做過去未曾得到的，如今都已得到。

再者，善男子啊！菩薩大菩薩所現的身相，有如微塵之小。菩薩以此微身，都能毫無障礙地遍至無量無邊、與恆河沙相等的諸佛世界，並不會有障礙，而且心念恆常定住，沒有絲毫不移動，這就叫

常定，初不移動，是則名為心不隨身。

善男子！譬如世間從因生法，有因則有果、無因則無果。因無常故，果亦無常。所以者何？因亦作果，果亦作因。以是義故，一切諸法無有定相。若使涅槃從因生者，因無常故，果亦無常。而是涅槃不從因生，體非是果，是故為常。善男子！以是義故，涅槃之體無定、無果。

善男子！夫涅槃者，亦可

做心不隨身。

善男子啊！譬如世間的現象，是從因而來的。有因就有果，沒有了因就沒有了果，由於因是無常，所以果也是無常。為什麼呢？因為因也是果，果也是因。由此可知，一切現象都沒有定相。如果涅槃是從因而生，因為因是無常，果也就是無常。而這**涅槃不是從因而生的**，**體性也不是果**，**所以是常**。善男子啊！基於以上所說的道理，**涅槃的體性不存在定相、不存在果相**。

善男子啊！這**涅槃**，**也可以說是定相**，**也可以**

言定、亦可言果。云何為定？一切諸佛所有涅槃常、樂、我、淨，是故為定。無生、老、壞，是故為定。一闡提等犯四重禁、誹謗方等、作五逆罪，捨除本心。必定得故，是故為定。

云何菩薩遠離二邊？言二邊者，謂二十五有及愛煩惱。菩薩常離二十五有及愛煩惱，是名菩薩遠離二邊。

說是果相。如何是定相呢？一切諸佛的所得的涅槃是常樂我淨，所以是定相。沒有生、老、壞，所以是定相。**一闡提人等，以及犯四重禁罪、誹謗大乘經等、以及造作五逆罪的人，如果捨除本心的話，也必定能證得涅槃**，所以是定相。

什麼叫做**菩薩遠離二邊**呢？二邊就是二十五有，以及愛、煩惱。**菩薩恆常遠離二十五有**，以及愛、煩惱，這就叫做菩薩遠離二邊。

第23卷　光明遍照高貴德王菩薩品第二十二之五

涅槃之樂，是外受而樂嗎？

諸佛的樂是哪二種樂？

【要義】

光明遍照高貴德王菩薩品第二十二之五

佛對高貴德王菩薩說菩薩修行涅槃經，可得十種功德。第七與第八種功德為：

（七）修習對治功德，善於修習四種方法對治諸過，為大涅槃近因：(1)親近善知識，(2)專心聽法，(3)繫念思惟，(4)如法修行。

（八）對治成就功德，有八：(1)斷五事，即色、受、想、行、識。(2)離五事，即身見、邊見、邪見、見取見、戒禁取見。(3)成六事，即念佛、念法、念僧、念戒、念施、念天。(4)修五事，即知定、寂定、心身樂定、無樂定、首楞嚴定。(5)守一事，即菩提心。(6)近四事，即大慈、大悲、大喜、大捨。(7)信順一實，即一大乘。(8)心善解脫，即貪恚癡心永斷滅、慧善解脫，即滅貪瞋癡心，知一切法無礙。

光明遍照高貴德王菩薩品第二十二之五

「復次，善男子！云何菩薩摩訶薩修大涅槃微妙經典具足成就第七功德？善男子！菩薩摩訶薩修大涅槃微妙經典，作是思惟：『何法能為大般涅槃而作近因？』菩薩即知有四種法為大涅槃而作近因。若言：『勤修一切苦行是大涅槃近因緣。』者，是義不然。所以者何？若離四法得涅槃者，無有

「再者，善男子啊！甚麼叫做菩薩大菩薩修習大涅槃微妙的經典，而具足成就第七種的功德呢？善男子啊！菩薩大菩薩修習大涅槃微妙的經典時，會這樣思維：『什麼法能夠作為大涅槃的近因呢？』菩薩立刻知道有四種法能作為大涅槃的近因。如果有人說：『勤修一切苦行就是大涅槃的近因緣。』，那是不對的。為什麼呢？因為**如果離開四法，而能得成涅槃，是沒有道理的**。那四種法呢？第一為**親近善友，第二為專心聽法，第三為繫念思惟，第四為如法修行**。善男子啊！譬如有人身體患著眾

是處。

何等為四？一者、親近善友，二者、專心聽法，三者、繫念思惟，四者、如法修行。

善男子！譬如有人身遇眾病——若熱、若冷、虛勞、下瘧、眾邪、鬼毒——到良醫所，良醫即為隨病說藥。是人至心善受醫教，隨教合藥，如法服之。服已病愈，身得安樂。有病之人，譬諸菩薩；大良醫者，譬善知識；良醫所說，譬方等經；善受醫教，譬善思惟方等

病，時熱時冷，虛勞，下痢瘧疾，中邪氣侵襲的毒等疾病。因此就到良醫之處去看病，良醫就隨著其病況而說明藥方給患者了解。患者也專心一意的接受良醫之教言，隨著醫教而配合藥方如法去飲服。服藥後即痊癒，身體就得安樂。有病的人，就像諸菩薩；大良醫就像善知識；良醫所解說的，就像方等經；善受醫教，好比善於思惟方等經的真義；隨教去配合藥，好比如法修行三十七助道之法；疾病除癒好比滅除煩惱；得安樂就像得成涅槃常、樂、我、淨。

經義；隨教合藥，譬如法修行三十七助道之法；病除愈者，譬滅煩惱；得安樂者，喻得涅槃，常、樂、我、淨。

善男子！涅槃之體亦復如是，無有住處，直是諸佛斷煩惱處，故名涅槃，涅槃即是常、樂、我、淨，涅槃雖樂，非是受樂，乃是上妙寂滅之樂。諸佛如來有二種樂：一寂滅樂，二覺知樂。實相之體有三種樂：一者受樂，二寂滅樂，三覺知樂。佛性一樂，以當見故，

善男子啊！涅槃的體性，也是這樣，根本沒有所在之處，它只是為了說明諸佛已斷除煩惱的境界，才稱為涅槃，**涅槃就是常、樂、我、淨，涅槃雖然有樂，但不是外受而樂，而是上妙的寂滅之樂。**諸佛如來有二種樂：**一為寂滅樂，二為覺知樂。**實相的體性有三種樂，一為受樂，二為寂滅之樂，三為覺知之樂。佛性為一樂，因為未來必定會見到，證得無上正等正覺時，所得之樂稱為菩提樂。

得阿耨多羅三藐三菩提時，名菩提樂。

善男子！譬如明燈，有人覆之，餘不知者，謂燈已滅，而是明焰，實亦不滅，以不知故生於滅想。聲聞弟子亦復如是，雖有慧目，以煩惱覆，令心顛倒，不見真身，而便生於滅度之想，而我實不取滅度也。

善男子！如生盲人不見日月，以不見故，不知晝夜明闇之相，以不知故，便說無有日月之實。實有日月，盲者不見，

善男子啊！就像點亮的燈，有人把它覆蓋起來，那些不知情的人，以為燈已經滅了。但實際上這明燈並沒有滅。因為不知情的關係，而有燈火已滅的想法。聲聞弟子的情形也是這樣，雖然有慧眼，但是因為被煩惱蓋覆，而生起顛倒心，不能看見如來真身，便因此虛妄地生起如來已滅度的念頭，但**我實際上最終並不存在滅度**。

善男子啊！這又好像那天生就失明的人，看不到日月，因為看不見，就不能了知晝夜、明暗等現象。因為不知真相，便說實際上並沒有日月存在。但是實際上有日月存在，只是失明的人看不見，因

以不見故，生於倒想，言無日月。聲聞弟子亦復如是，如彼生盲，不見如來，便謂如來入於涅槃，如來實不入於涅槃，以倒想故，生如是心。

善男子！譬如雲霧覆蔽日月，癡人便言無有日月，日月實有，直以覆故，眾生不見。聲聞弟子亦復如是，以諸煩惱覆智慧眼，不見如來，便言如來入於滅度。善男子！直是如來現嬰兒行，非滅度也。

為看不見，便生顛倒的念頭，而說沒有日月。聲聞弟子也是如此，好似那些失明之人，看不到如來，便以為如來已入於涅槃，但如來實際上並沒有入於涅槃，只因為顛倒的念頭，才生起這樣的想法。

善男子啊！又好像那雲霧，遮蔽了日月，愚癡的人，便說沒有日月，日月實際上是存在的，只是被遮蔽，眾生看不見而已。**聲聞弟子也是如此，因為被種種煩惱覆蓋了智慧眼，致不能看見如來，便說如來已滅度**。善男子啊！這只是如來示現嬰兒行，並不是真的滅度。

善男子！云何菩薩摩訶薩修大涅槃微妙經典具足成就第八功德？善男子！菩薩摩訶薩修大涅槃，除斷五事、遠離五事、成就六事、修習五事、守護一事、親近四事、信順一實心、善解脫慧、善解脫。」

善男子啊！什麼叫做菩薩大菩薩之修習大涅槃的微妙經典，具足成就第八的功德呢？善男子啊！菩薩大菩薩修習大涅槃，要除斷五事，要遠離五事，要成就六事，要修習五事，要守護一世，要親近四事，要信順一實，要心善解脫，要慧善解脫。」

第24卷　光明遍照高貴德王菩薩品第二十二之六

為什麼說一闡提
也能證得無上正等正覺呢？

【要義】

光明遍照高貴德王菩薩品之六

佛對高貴德王菩薩說菩薩修行涅槃經，可得十種功德。第九與第十種功德為：

（九）修習正道功德，須發心學五事，均得成就：(1) 信心，(2) 直心，(3) 戒心，(4) 近善友，(5) 多聞。

（十）修習三十七道品，入大涅槃之常樂我淨，為眾生宣說大涅槃經，顯示佛性。

光明遍照高貴德王菩薩品之六

復次，善男子！云何菩薩摩訶薩修大涅槃微妙經典具足成就第九功德？善男子！菩薩摩訶薩修大涅槃微妙經典，初發五事悉得成就。何等為五？一者、信，二者、直心，三者、戒，四者、親近善友，五者、多聞。

一闡提輩亦得阿耨多羅三藐三菩提。所以者何？若能發於菩提之心則不復名一闡提

再者，善男子啊！什麼叫做菩薩大菩薩修習大涅槃微妙的經典，具足成就第九的功德呢？善男子啊！菩薩大菩薩修習大涅槃微妙的經典，須發心學五事，這五事須均得成就。那五事呢？**第一為信，第二為直心，第三為戒，第四為親近善友，第五為多聞。**

一闡提也能證得無上正等正覺。這是什麼緣故呢？**因為這些人，只要能發菩提心的話，就不再是一闡提人。**

也。

善男子！以何緣故說一闡提得阿耨多羅三藐三菩提？一闡提輩實不能得阿耨多羅三藐三菩提，如命盡者，雖遇良醫、好藥、瞻病，不能得差。何以故？以命盡故。

善男子！若一闡提信有佛性，當知是人不至三趣，是亦不名一闡提也。以不自信有佛性故，即墮三趣；墮三趣故，名一闡提。

善男子！云何菩薩修大涅

善男子啊！為什麼說一闡提也能證得無上正等正覺呢？一闡提人，實際上不能證得無上正等正覺，有如壽命該盡的人，雖然遇上良醫、好藥、照護病人者，也不得以痊癒一樣。為甚麼呢？因為壽命該盡的緣故。

善男子啊！**如果一闡提人，能信有佛性的話，應當知道這人就不會墮入於三惡道，同時也不叫做一闡提了。是因為不相信自身有佛性，**就會墮落於三惡道；因為墮三惡道才叫做一闡提。

善男子啊！什麼叫做菩薩修習大涅槃微妙的經

槃微妙經典具足最後第十功德？善男子！菩薩修習三十七品，入大涅槃，常、樂、我、淨，為諸眾生分別解說《大涅槃經》，顯示佛性。若須陀洹、斯陀含、阿那含、阿羅漢、辟支佛、菩薩信是語者，悉得入於大般涅槃；若不信者，輪迴生死。

典，而具足最後第十的功德呢？善男子啊！菩薩修習三十七道品（簡分為七科：四念處、四正勤、四如意足、五根、五力、七覺支、八正道。到涅槃道路的資糧），而入大涅槃常、樂、我、淨，為眾生們分別詳細地解說《大般涅槃經》，而顯示佛性。如果須陀洹（初果）、斯陀含（二果）、阿那含（三果）、阿羅漢（四果）、辟支佛（緣覺）、菩薩，能信此語的話，就統統得以進入於大般涅槃；假如不信此語的話，就得輪迴於生死。

第25卷　師子吼菩薩品第二十三之一

沒有依中道而行，能見到佛性嗎？
無我的斷見，能見到佛性嗎？

【要義】

師子吼菩薩品第二十三之一

師子吼菩薩問佛性義，佛細答釋。佛說明諸佛菩薩所修的道是不上、不下，而是中道。沒有中道，就見不到佛性。且一切眾生皆會在於未來世證得無上正等正覺，這就是佛性。一闡提等人亦皆有佛性，因為未來有，也必定當得成就無上正等正覺。

師子吼菩薩品第二十三之一

善男子！汝問：「云何為佛性？」者，諦聽諦聽，吾當為汝分別解說。善男子！佛性者，名第一義空；第一義空名為智慧。所言空者，不見空與不空。智者見空及與不空、常與無常、苦之與樂、我與無我。空者，一切生死；不空者謂大涅槃；乃至無我者即是生死，我者謂大涅槃。見一切空、不見不空，不名中道；乃至見一

善男子啊！你問：「甚麼是佛性？」你應該仔細聽、認真聽，我會為你詳細分別解說。善男子啊！所謂**佛性，就是第一義空**，這第一義空就是智慧。所謂的空，**就是沒有空與不空的分別**，有智慧的人，能明見空與不空，常與無常，苦和樂，我和無我。空就是一切生死的現象；不空就是大涅槃；以至所謂的無我就是生死，我就是大涅槃。**能認知一切現象皆是空，而不能認識到不空的話，不能說是中道**。以至認知一切都是無我，而不見有我的話，也同樣的不是中道，中道就是佛性。基於這樣的認識，知道佛性是常住而不變易的，只是受到無

切無我、不見我者，不名中道。中道者，名為佛性。以是義故，佛性常、恒、無有變易，無明覆故，令諸眾生不能得見。聲聞、緣覺見一切空、不見不空，乃至見一切無我、不見於我。以是義故，不得第一義空。不得第一義空故，不行中道；無中道故，不見佛性。

復次，善男子！道有三種：謂下、上、中。下者，梵天無常，謬見是常。上者，生死無常，謬見是常；三寶是常，

明的遮覆，使眾生不能得見。**聲聞、緣覺能認知到一切現象皆空，卻無法認識到不空，以至見一切都是無我，而不見有我的存在，由此不能證得第一義空**。因為不能證得第一義空，所以不是依中道而行，因為**沒有中道，所以就見不到佛性**。

再者，善男子啊！道有三種類型：所謂下、上、中。下是梵天，都將無常錯誤認為是常。上就是生死無常，錯誤認為是常，把真常的三寶，橫計（普遍的愛惡計量）為無常。甚麼叫做上呢？因為

橫計無常。何故名上？能得最上阿耨多羅三藐三菩提故。中者，名第一義空，無常見無常、常見於常。第一義空不名為下。何以故？一切凡夫所不得故。不名為上。何以故？即是上故。諸佛、菩薩所修之道不上、不下，以是義故，名為中道。

善男子！有者凡有三種：一、未來有，二、現在有，三、過去有。一切眾生未來之世當有阿耨多羅三藐三菩提，是名佛性。以是義故，我常宣說一

能得最上的無上正等正覺。所謂中，就是第一義空，將無常見無常，常見於常。**第一義的空**不叫作下。為甚麼呢？因為是一切凡夫所不能得的。也不名叫上。為甚麼呢？因為是上。**諸佛菩薩所修的道是不上、不下**，基於這個道理，**叫做中道**。

善男子啊！所謂有，大凡有三種：第一為本來有，第二為現在有，第三為過去有。一切眾生在於未來世，當會證得無上正等正覺，這就叫做佛性。基於這個道理，我常宣說：「一切眾生悉有佛性」，以至一闡提等人，也有佛性。一闡提等人，雖然沒

切眾生悉有佛性，乃至一闡提等亦有佛性。一闡提等無有善法，佛性亦善，以未來有故，一闡提等悉有佛性。何以故？一闡提等定當得成阿耨多羅三藐三菩提故。

善男子！我於爾時以他心智知是梵志心之所念，告梵志言：「云何謂我說於斷見？」彼梵志言：「瞿曇！先於處處經中說諸眾生悉有無我，既言無我，云何而言非斷見耶？若無我者，持戒者誰？破戒者

有善法，但是其佛性也是善的，因為未來有，一闡提等人都有佛性，為甚麼呢？因為**一闡提等人，必定當得成就無上正等正覺**。

善男子啊！當時我以他心通的智慧，而知道梵志們心中的想法。因此，就告訴梵志們說：「你們為甚麼說我是宣揚斷見的人呢？」梵志們說：「瞿曇之前在每部經中都說，眾生根本沒有主體的我。既然你說無我，為甚麼可以說不是斷見呢？如果無我的話，那麼持戒的人到底是誰呢？破戒的人又是誰呢？」我便告訴他們：「**我並不宣說一切眾生都**

誰？」佛言：「我亦不說一切眾生悉有無我，我常宣說一切眾生悉有佛性。佛性者，豈非我耶？以是義故，我不說斷。一切眾生不見佛性故，無常、無我、無樂、無淨。如是則名說斷見也。」時諸梵志聞說佛性即是我故，即發阿耨多羅三藐三菩提心，尋時出家修菩提道。一切飛鳥水陸之屬，亦發無上菩提之心；既發心已，尋得捨身。

是無我的觀念，我常常宣說一切眾生都具有佛性。這佛性不就是我嗎？基於這個道理，我並不說斷見。一切眾生，因為**不能見到佛性**，所以是**無常、無我、無樂、無淨，這樣的說法才是斷見。**」那時的梵志們因為聽說佛性就是我的道理，就立刻發起無上正等正覺心，接著便出家修行覺悟之道。所有的飛鳥及水中、路上的動物，也都發起無上的菩提心，發心之後，不久就捨棄了原來的肉身。

云何寂靜？寂靜有二：一者、心靜，二者、身靜。身寂靜者，終不造作身三種惡；心寂靜者，亦不造作意三種惡，是則名為身心寂靜。

身寂靜者，不親近四眾，不預四眾所有事業；心寂靜者，終不修習貪欲、恚、癡，是則名為身心寂靜。

或有比丘，身雖寂靜心不寂靜、有心寂靜身不寂靜、有身心寂靜、又有身心俱不寂靜。

身寂靜心不寂靜者，或有

甚麼叫做寂靜呢？寂靜有兩種：一種為心寂靜，一種為身寂靜。身寂靜指的是不造作身（行為）的三種惡業；心寂靜是不會造作意（心念）方面的三種惡。這就是名叫身心寂靜。

身寂靜的人不會去親近佛門四眾，不會去干預四眾所有的工作。心寂靜的人永遠不會去修習貪欲、瞋恚、愚癡。這就是身心寂靜。有的比丘，身雖然寂靜，但心卻不寂靜，有的心寂靜，而身卻不寂靜，有的身心均寂靜，有的身心均不寂靜。

身寂靜，而心不寂靜的現象，或有比丘，坐禪比丘坐禪靜處，遠離四眾，心常積集貪欲、瞋、癡，是名身寂靜心不寂靜。

心寂靜身不寂靜者，或有比丘親近四眾、國王、大臣，斷貪、恚、癡，是名心寂靜身不寂靜。

身心寂靜者，謂佛、菩薩；身心不寂靜者，謂諸凡夫。何以故？凡夫之人，身心雖靜，不能深觀無常、無樂、無我、無淨。以是義故，凡夫之人不能寂靜身、口、意業。

在寂靜之處，是遠離四眾，而心卻常積集貪欲、瞋恚、愚癡，這就是身寂靜，而心不寂靜。

心寂靜，而身不寂靜的現象，是指有些比丘，去親近佛門四眾、國王、大臣，然而卻已斷滅貪欲、瞋恚、愚癡，這就是心寂靜而身不寂靜。

身心都寂靜，就是指佛菩薩；身心都不寂靜，就是凡夫們。為甚麼呢？因為凡夫之輩的人，身心雖靜，但是卻不能深入觀察無常、無樂、無我、無淨。基於這些現象，凡夫之輩，不能讓自己的身口意三業都寂靜。

第26卷　師子吼菩薩品第二十三之二

為何說一切現象皆沒有真實的我存在，
但是涅槃卻真實有我呢？

【要義】

師子吼菩薩品第二十三之二

師子吼菩薩問佛性義，佛說明眾生皆有佛性，但必須以諸功德、因緣的和合，才能見到佛性，方能成佛。

師子吼菩薩品第二十三之二

善男子！一切諸法悉無有我，而此涅槃真實有我。以是義故，涅槃無因而體是果。是因非果，名為佛性；非因生故，是因非果；非沙門果，故名非果。何故名因？以了因故。善男子！因有二種：一者、生因，二者、了因。能生法者，是名生因；燈能了物，故名了因。煩惱諸結，是名生因；眾生父母，是名了因。如穀子等，是

善男子啊！**一切現象，皆都沒有真實的我存在，而這涅槃則真實有我**。基於這樣的道理，涅槃不是因緣而有，而本體就是果。是因而不是果，就是佛性。由於佛性不是因所生成，是因不是果。因為不是沙門果位，才說不是果。為甚麼叫做因呢？因為是了因。善男子啊！**因有二種，一種是可生成的因，一種是可以明瞭完成的因**。能夠出生事物的，就叫做生因。像燈一樣能照明物體，就叫做了因。煩惱諸結縛，屬於生因。眾生的父母，就叫做了因。像穀子的種子，是生因。土地、水、糞肥等，是了因。另有一種生因，所謂六波羅蜜而成就

名生因；地、水、糞等，是名了因。復有生因，謂六波羅蜜阿耨多羅三藐三菩提；復有了因，謂佛性、阿耨多羅三藐三菩提。復有了因，謂六波羅蜜佛性；復有生因，謂首楞嚴三昧、阿耨多羅三藐三菩提。復有了因，謂八正道、阿耨多羅三藐三菩提；復有生因，所謂信心六波羅蜜。

佛言：「善男子！若言子中有尼拘陀者，是義不然。如其有者，何故不見？

無上正等正覺。另有一種了因，所謂佛性而成就無上正等正覺。另有一種了因，所謂六波羅蜜而見佛性。另有一種生因，所謂首楞嚴三昧成就無上正等正覺。另有一種了因，所謂八正道而成就無上正等正覺。另有一種生因，所謂信心而修六波羅蜜。

佛陀說：「善男子啊！如果說種子中具有尼拘陀樹（過去七佛中的迦葉佛在此樹下成佛。因樹形高大但種子細小，故佛典常用來比喻由小因而得大善男子！如世間物，有因緣故不可得見。云何因緣？謂遠不可見，如空中鳥跡。近不可見，如人眼睫。壞故不見，如根敗者。亂想故不見，如心不專一。細故不見，如小微塵。障故不見，如雲表星。多故不見，如稻聚中麻。相似故不見，如豆在豆聚。

尼拘陀樹不同如是八種因緣，如其有者，何故不見？若

果報者），這道理是不對的。如果有的話，為什麼看不見呢？

善男子啊！就像**世間的事物，由於因緣的關係，便會看不見**。受什麼因緣影響呢？就像因為遠而看不見，如空中鳥的蹤跡。因為近而看不見，如眼前人之眼的睫毛。因為壞而看不見，如敗壞的根。心思混亂而不見，如心念不專一。因為細小而看不見，如細小的微塵。因為阻障而看不見，如雲層中的星星。因為多而看不見，如稻子堆中的胡麻。因為相似而不見，如豆子在豆堆裡。

尼拘陀樹則不同於這些因緣。如果有這些因緣的話，為什麼會看不見呢？如果說為細小而看不

言細障故不見者，是義不然。何以故？樹相麁故。若言性細，云何增長？若言障故不可見者，常應不見。本無麁相，今則見麁。當知是麁本無其性，本無見性今則可見，當知是見亦本無性。子亦如是，本無有樹，今則有之，當有何咎？」

師子吼言：「如佛所說，有二種因：一者正因，二者了因。尼拘陀子以地、水、糞作了因故，令細得麁。」

見，這道理是不對的。為什麼呢？因為樹的相狀是粗大的。如果說本性是細小的，那又要如何增長呢？如果是因為受到阻障而看不見，則應該會恆常看不見才對。本來沒有粗大的相，現在則見可以看到粗相的話，則應當知道這粗相本來就沒有見性。本來就沒有見性，現在卻可以見到，便可知道這見，也應該是本來沒有其性。種子也是如此，本來沒有樹，現在則有，這有什麼不對呢？」

獅子吼菩薩說：「如佛所說，有二種因。一種是正因，另一種是了因。尼拘陀樹的種子，以土地、水、糞肥等物作為了因，所以能讓細小的可以變粗。」

佛言：「善男子！若本有者，何須了因？若本無性，了何所了？若尼拘陀中本無麁相，以了因故乃生麁者，何故不生佉陀羅樹？二俱無故。善男子！若細不見者，麁應可見。譬如一塵，則不可見、多塵和合則應可見。如是子中麁應可見。何以故？是中已有芽、莖、花、果，一一果中有無量子，一一子中有無量樹，是故名麁，有是麁故，故應可見。善男子！若尼拘陀子，有尼拘陀

佛陀說：「善男子！如果本來就有的話，為何需要了因呢？如果本來就無性的話，要了什麼呢？若尼拘陀的種中，本來沒有粗相，由於了因而生粗相的話，那為什麼不生佉陀羅樹呢？因為兩者都是沒有本性的。善男子啊！如果細小不能看見，那麼粗相應該可以看見。譬如一顆微塵，應該是看不見，而很多微塵聚在一起，就應該可以看見。如此，在種子中的粗相也應該可以看見。為什麼呢？因為這種子中已存在芽、莖、花、果，而每一顆果實中，又有無數的種子，每一個種子中又有無數的樹木，所以可以稱為粗大。因為有了這些粗相，所以應該看得見。善男子啊！若尼拘陀的種子有尼拘陀樹的本性，而長成樹的話，則眼見這種子被火所燒，那

性，而生樹者，眼見是子為火所燒，如是燒性亦應本有；若本有者，樹不應生。若一切法本有生滅，何故先生後滅不一時耶？以是義故，當知無性。」

師子吼菩薩言：「世尊！若尼拘陀子，本無樹性而生樹者，是子何故不出於油？二俱無故。」

「善男子！如是子中亦能生油，雖無本性，因緣故有。」

麼這燒性，也應該是本來就有才對。如果是本來就有的話，樹就不應該會生出來。如果一切現象，本來有生滅，為什麼會先生而後滅，而不會同時生滅呢？基於這個道理，可以肯定是沒有本性的。」

獅子吼菩薩說：「世尊！若是尼拘陀樹的種子本來並沒有樹性，而能生長成樹木，那麼這種子為什麼不會長出油呢？因為樹與種子兩者都沒有油性。」

佛陀說：「善男子啊！這種子也長出油的，雖然本來並沒有其性，但是卻可以因為因緣的作用，而會有的。」

善男子！汝言眾生若有佛性，不應假緣，如乳成酪者，是義不然。何以故？若言五緣成於生蘇，當知佛性亦復如是。譬如眾石，有金、有銀、有銅、有鐵，俱稟四大，一名一實，而其所出各各不同。要假眾緣，眾生福德、爐冶人功，然後出生，是故當知本無金性。眾生佛性不名為佛，以諸功德因緣和合，得見佛性，然後得佛。汝言眾生悉有佛性，何故不見者？是義不然。何以故？以諸

善男子啊！你認為眾生如果有佛性的話，就不必假藉其他外緣，如乳自然會成為酪那樣，這道理是不對的，為什麼呢？如果說必須有五種緣才能形成酥，那佛性也是一樣。譬如各種石，有金、有銀、有銅、有鐵，都是由四大而組成，一種名稱就有一種實體，但是他們的出處各自不同，必須要藉助種種的外緣。如眾生的福德，以及冶煉的功夫才會產生。所以應該要知道，本來沒有金的本性。**眾生的佛性不能稱為佛，要以諸功德、因緣的和合，才能見到佛性，然後成佛**。你說的眾生都具有佛性，為什麼不能見到的道理，這是不對的。為什麼呢？因為**不能見到佛性，是種種因緣尚未聚合**。善男子啊！因此我才說有二種因，所謂正因、緣因。這**正**

因緣未和合故。善男子！以是義故，我說二因，正因、緣因。正因者名為佛性，緣因者發菩提心。以二因緣，得阿耨多羅三藐三菩提，如石出金。

善男子！汝言僧常，一切眾生無佛性者，善男子！僧名和合，和合有二：一者世和合，二者第一義和合。世和合者名聲聞僧，義和合者名菩薩僧。世僧無常，佛性是常。如佛性常，義僧亦爾。復次有僧謂法和合，法和合者謂十二部經，

因就是佛性，緣因就是發菩提心。這二種因緣聚合，而得無上正等正覺，就像石頭中提煉出黃金。

善男子啊！你說僧為常，則一切眾生無佛性。善男子啊！僧是和合的意思，**和合有二種不同的意義，一種是世間的和合，另一種是第一義和合**。世間的和合，稱為聲聞僧，第一義的和合，稱為菩薩僧。世間的和合僧為無常，而佛性是常。正如佛性為常，義僧也是如此。再者，還有一種僧，也就是法和合。這法和合就是指十二部經，因為十二部經是常，因此我說佛法和僧為常。善男子啊！僧的

十二部經常，是故我說法、僧是常。善男子！僧名和合，和合者名十二因緣，十二因緣中亦有佛性，十二因緣常。佛性亦爾，是故我說僧有佛性。又復僧者謂諸佛和合，是故我說僧有佛性。

善男子，若言一切眾生常者，何故修習八聖道分為斷眾苦?眾苦若斷則名無常，所受之樂則名為常。是故我言，一切眾生煩惱覆障不見佛性，以不見故不得涅槃。

意義是和合，這和合指的是十二因緣，這十二因緣中，也有佛性，十二因緣是常，佛性也是一樣。因此我說僧有佛性。這僧的意義又可以說是佛的和合，因此我說僧有佛性。

善男子啊，假若說一切眾生為常的話，又為什麼需要修習八聖道而為斷除種種苦呢？這**眾苦若是斷除的話，苦便是無常，所受的快樂便是恆常**。所以我才說一切眾生，被煩惱所覆蓋，而不能見到佛性。由於見不到佛性，所以不能證得涅槃。

第27卷　師子吼菩薩品第二十三之三

為何眾生之身，其差別很大，都是不相同的，怎麼會說具有相同一種佛性呢？

【要義】

師子吼菩薩品第二十三之三

師子吼菩薩問佛性義，佛說明涅槃的因就是佛性，受身雖有別，但佛性為一。

師子吼菩薩品第二十三之三

「善男子！修習戒者為身寂靜，修習三昧為心寂靜，修習智慧為壞疑心。壞疑心者，為修習道；修習道者，為見佛性；見佛性者，為得阿耨多羅三藐三菩提故；得阿耨多羅三藐三菩提者，為得無上大涅槃故；得大涅槃者，為斷眾生一切生死、一切煩惱、一切諸有、一切諸界、一切諸諦故；斷於生死乃至斷諦，為得常、樂、

「善男子啊！修習禁戒，就是為了使身寂靜，修習三昧是為了心的寂靜，修習智慧是為了破除疑心。破除疑心，是為了修習正道。修習正道，是為了明見佛性，明見佛性，是為了證得無上正等正覺。證得無上正等正覺，是為了獲得無上的大涅槃。**獲得大涅槃，是為了要斷除眾生的一切生死流轉、一切煩惱、一切三界諸有、一切的境界、一切的真諦。斷除生死流轉，以至斷除真諦，是為了要得常樂我淨的境界。」**

我、淨法故。」

師子吼言：「世尊！如佛所說，若不生、滅，名大涅槃。生亦如是，不生、不滅，何故不得名為涅槃？」

「善男子！如是如是，如汝所言，是生雖復不生、不滅，而有始、終。」

「世尊！是生死法亦無始、終，若無始、終則名為常，常即涅槃。何故不名生死為涅槃耶？」

「善男子！是生死法悉有

獅子吼菩薩說：「世尊！如佛所說，如果沒有生滅的現象，就是大涅槃，而生也是如此，也是不生不滅的現象，為什麼不能叫涅槃呢？」

佛陀說：「善男子啊！說得好！如你所說，這生雖然也是不生不滅，但是卻有始終。」

獅子吼菩薩說：「世尊！這生死的現象，也是無始無終，若無始無終，就叫做常，而常就是涅槃。為什麼不說生死之法就是涅槃呢？」

佛陀說：「善男子啊！這生死的現象都是有因

因果，有因果故，不得名之為涅槃也。何以故？涅槃之體無因果故。」

師子吼言：「世尊！夫涅槃者，亦有因果。如佛所說：「『從因故生天、從因墮惡道、從因故涅槃，是故皆有因。』

如佛往昔告諸比丘：『我今當說沙門、道、果。』言沙門者，謂能具修戒、定、智慧；道者，謂八聖道；沙門果者，

果的，因為有因果，所以不能稱為涅槃。為什麼呢？因為**涅槃的體性是沒有因果的。**」

獅子吼菩薩說：「世尊！所謂涅槃也是有因果的。因為正如佛曾說過：

『由於因的作用而生天界，
由於因的作用而墮惡道，
由於因的作用而得涅槃，
所以一切都是因的作用。』

正如佛陀從前告訴過諸比丘們：『我現在要向各位解說沙門的道果。』所謂沙門，是指能具修戒、定與智慧的人。所謂道，就是八聖道，沙門果就是所謂涅槃。世尊！涅槃就是這樣，豈不是果嗎？為

所謂涅槃。世尊！涅槃如是，豈非果耶？云何說言涅槃之體無因、無果？」

佛言：「善男子！我所宣說涅槃因者，所謂佛性。佛性之性不生涅槃，是故我言涅槃無因。能破煩惱，故名大果；不從道生，故名無果。是故，涅槃無因、無果。」

師子吼言：「一切眾生身不一種，或有天身、或有人身、畜生、餓鬼、地獄之身，如是多身差別非一，云何而言佛性

什麼說涅槃的體性為無因果呢？」

佛陀說：「善男子啊！我所宣說的，涅槃的因就是所謂佛性。佛性的作用是不會生出涅槃的，所以我說**涅槃無因。能破除煩惱，所以說是大果；不從道而生，所以不是果**。因此才說**涅槃為無因無果**。」

獅子吼菩薩說：「一切眾生，其身不只一種，有的為天身，有的為人身，以及畜牲、惡鬼、地獄等身。像這麼多的受身，其差別很大，不是都相同的。怎麼會說具有相同一種佛性呢？」

為一？」

佛言：「善男子！譬如有人置毒乳中，乃至醍醐皆悉有毒。乳不名酪、酪不名乳，乃至醍醐亦復如是。名字雖變，毒性不失，遍五味中皆悉如是。若服醍醐亦能殺人，實不置毒於醍醐中。眾生佛性亦復如是，雖處五道受別異身，而是佛性常一無變。」

佛陀說：「善男子啊！譬如有人，放毒在乳中，於是由乳製成的東西甚至是醍醐裡，均為有毒物。而乳不是酪，酪也不是乳，以至醍醐也都是如此。名字雖有變，而毒性卻不失去，遍滿在五味裡，均為同樣有毒。如果飲服醍醐的話，雖然也能殺人，但是事實上並未在醍醐中下毒。眾生同具佛性的情形也是如此。**雖然處在不同的五道中，受身各有別，但是佛性都是恆常相同而沒有變異的。**」

第28卷　師子吼菩薩品 第二十三之四

佛身是否有邊際？
佛是否有形相？
如果沒有，是怎麼能看見的？

【要義】

師子吼菩薩品第二十三之四

師子吼菩薩問佛性義，佛說明如來是常、樂、我、淨，又答涅槃無十相（即色、聲、香、味、觸、生、住、壞、男、女），時時修習定慧捨相，能斷十相，而成就十法，能見涅槃無相。

師子吼菩薩品第二十三之四

六師復言：「瞿曇！若無我者，誰能見耶？」

佛言：「有色、有明、有心、有眼，是四和合故名為見，是中實無見者、受者。眾生顛倒，言有見者及以受者。以是義故，一切眾生所見顛倒，諸佛、菩薩所見真實。六師若言色是我者，是亦不然。何以故？色實非我。色若是我，不應而得醜陋形貌。何故復有四姓差

六師又說：「瞿曇！如果沒有我的話，到底是誰能看見呢？」

佛陀說：「有色相，有光明，有心念，有眼睛，這四種因素和合，才叫做見。在此中間實際上並沒有所謂見者與受者，由於眾生顛倒之故，才說有見者與受者。基於這個道理，才說一切眾生所見的是顛倒的，諸佛菩薩所見的才是真實。六師！如果說色身就是我的話，這也是不對的。為甚麼呢？因為**色身實際上不是我**。色如果是我的話，就不應該得這醜陋的形貌。為甚麼又有四種姓的差別呢？為甚麼不統統為一種婆羅門呢？為甚麼屬於他人的指

別？不悉一種婆羅門耶？何故屬他、不得自在、諸根缺陋、生不具足？何故不作諸天之身，而受地獄、畜生、餓鬼種種諸身？若不能得隨意作者，當知必定無有我也。以無我故名為無常；無常故苦；苦故為空；空故顛倒；以顛倒故，一切眾生輪轉生死。受、想、行、識亦復如是。六師！如來世尊永斷色縛乃至識縛，是故名為常、樂、我、淨。復次，色者即是因緣。若因緣者，則名無

使，而不得自在呢？為甚麼諸根會有缺陋，生來不具足呢？為甚麼不作諸天之身，而受地獄、畜生、餓鬼等種種身相呢？如果不能隨心所欲的話，便可知道肯定沒有我。因為是無我，所以是無常；由於無常，就會有苦，因為是苦，所以是空；因為是空，所以是顛倒；因為顛倒見，一切眾生才會輪轉於生死中。受、想、行、識的道理，也是如此。六師！如來世尊，已經永遠斷除色以至識的束縛，所以是常、樂、我、淨。再者，所謂色身就是因緣所成的，若因緣所成，就是無我，如果是無我，就是苦空。**如來的身，並不是因緣所成，因為不是因緣所成，所以是有我，若是有我，就是常、樂、淨。」**

我；若無我者，名為苦空。如來之身非是因緣；非因緣故，則名有我；若有我者，即常、樂、淨。」

「瞿曇！譬如一室然百千燈，各各自明，不相妨礙。眾生我者亦復如是，修善、行惡，不相雜合。」

「汝等若言我如燈者，是義不然。何以故？彼燈之明從緣而有。燈增長故，明亦增長；眾生我者則不如是。明從燈出，住在異處；眾生我者不得如是

六師說：「瞿曇！譬如在屋室內，燃起百千的燈。燈都各自明亮，並不會互相妨礙。這眾生的我也是如此，不管是修善或行惡，都不會相互雜合。」

佛陀說：「你們若說，我有如燈的話，這道理是不對的。為甚麼呢？因為那些燈的光明，是因緣而有的。因為燈增加了，光明也會增加。這眾生的我，就不是這樣。光明從燈出，而留在不同的地方。眾生的我，則不能像這樣，從身體而出，去停

從身而出，住在異處。彼燈光明與闇共住。何以故？如闇室中然一燈時照則不了，及至多燈乃得明瞭。若初燈破闇則不須後燈；若須後燈，當知初明與闇共住。」

「瞿曇！若無我者，誰作善、惡？」

佛言：「若我作者，云何名常？如其常者，云何而得有時作善、有時作惡？若言有時作善、惡者，云何復得言我無

留在其他不同的地方。那些燈的光明，是和黑暗共住的。為甚麼呢？譬如在暗室中，點燃一燈時，其照明的程度，並不能了了光明，必須要點燃很多盞燈，才能得到明瞭，才能明亮。如果第一盞燈就能破除黑暗的話，就不須要點燃後來的燈。如果須要後面的燈火的話，就會知道，那第一道光明和黑暗是共住在一起的。」

六師說：「瞿曇！如果是無我的話，到底是誰來作善作惡呢？」

佛陀說：「如果為我所作的話，怎麼說是常呢？如果是常的話，為甚麼會得有時作善，有時作惡呢？如果說有時作善、作惡的話，為甚麼還能說我是無邊呢？如果為我所作的話，為甚麼要去學習

邊？若我作者，何故而復習行惡法？如其我是作者、知者，何故生疑眾生無我？以是義故，外道法中定無有我。若言我者，則是如來。何以故？身無邊故、無疑網故。不作、不受，故名為常；不生、不滅，故名為樂；無煩惱垢，故名為淨；無有十相，故名為空。是故，如來常、樂、我、淨、空、無諸相。」

惡法呢？如果我就是作者、知者的話，為甚麼還要去懷疑眾生無我這件事？基於這個道理，在外道的教法當中，必定是沒有我。**如果說我，那就是如來。**為甚麼呢？因為**如來的身沒有邊際故，沒有任何疑惑。不造作不覺受，所以是常。不生也不滅，所以是樂。沒有煩惱垢染，所以是淨，**沒有十種相，所以是空。所以**如來是常、樂、我、淨，是空，而沒有諸相。**」

第29卷 師子吼菩薩品第二十三之五

菩薩是修習哪兩種法，
才不被四種顛倒的暴風吹動？

【要義】

師子吼菩薩品第二十三之五

師子吼菩薩問佛性義，佛說明菩薩修習兩種修行法，第一是禪定，第二是智慧，便不會被四種顛倒的暴風吹動。

師子吼菩薩品第二十三之五

師子吼言：「世尊！如經中說若毘婆舍那能破煩惱，何故復修奢摩他耶？」

佛言：「善男子！汝言毘婆舍那破煩惱者，是義不然。何以故？有智慧時則無煩惱，有煩惱時則無智慧。云何而言毘婆舍那能破煩惱？善男子！譬如明時無闇，闇時無明。若有說言明能破闇，無有是處。善男子！誰有智慧？誰有煩

獅子吼菩薩說：「世尊！依照經中所說，如果修習觀門（毘婆舍那）能夠破除煩惱的話，那麼，為甚麼又要修習止門（奢摩他）呢？」

佛陀說：「善男子啊！你說毘婆舍那能破除煩惱，那是不對的。為甚麼呢？因為有智慧時，就沒有煩惱，有煩惱時，就沒有智慧。為甚麼說觀法能破除煩惱呢？善男子啊！就像是光明時，就沒有黑暗存在；黑暗時就沒有光明存在。如果有人說光明可以破除黑暗，那是不對的。善男子啊！到底誰有智慧，誰有煩惱，而說智慧能破除煩惱呢？如果沒有煩惱存在的話，就沒有所謂破除了。

惱？而言智慧能破煩惱，如其無者則無所破。

善男子！若言智慧能破煩惱，為到故破？不到故破？若不到破者，凡夫眾生則應能破。若到故破者，初念應破。若初念不破，後亦不破；若初到便破，是則不到。云何說言智慧能破？若言到與不到而能破者，是義不然。」

「善男子！一切諸法有二種滅：一者、性滅，二者、畢竟滅。若性滅者，云何而言智

善男子啊！如果說智慧能破除煩惱，那麼，到底是智慧到達，而破除的呢？如果智慧不到達，而能破除的話，那麼凡夫眾生們便能破除煩惱。如果智慧到達才能破除的話，那麼剛生出智慧時，應該就會破除才對。如果剛出生智慧不能破除的話，那麼後面也不能破除。如果剛出生智慧便能破除，那也是未到。為甚麼說智慧能破呢？因此，說到與不到，都能破除的話，都是不對的。」

「善男子啊！**一切現象有二種滅**，**一是性滅**，**二是畢竟滅**。如果是性滅的話，怎麼可以說是智慧所能滅的呢？如果說智慧能滅除煩惱，有如火能燒東

慧能滅？若言智慧能滅煩惱，如火燒物，是義不然。何以故？如火燒物則有遺燼；智慧若爾，應有餘燼。如斧伐樹，破處可見；智慧若爾，有何可見？慧若能令煩惱離者，如是煩惱應餘處現，如諸外道離六大城，拘屍城現。若是煩惱不餘處現，則知智慧不能令離。

善男子！一切諸法性若自空，誰能令生？誰能令滅？生異、滅異，無造作者。善男子！若修習定，則得如是正智正見。

西，這是不對的。為甚麼呢？因為火燒東西就會有灰燼，智慧如果也是像這樣的話，應該也有灰燼才對。譬如用斧頭砍樹，會看到破的地方，智慧如果也像這樣的話，會看到甚麼呢？智慧如果能令煩惱離去的話，那麼這煩惱應該會在其他的地方出現。有如外道離開六大城，最後在拘屍那城出現一樣。如果此煩惱不會在其他地方出現的話，就能肯定智慧不能令煩惱離去了。

善男子啊！一切現象的本性若是空的話，到底誰能讓現象生起呢？又誰能讓現象滅去呢？生的變異、滅的變異，並沒有造作者。善男子啊！**如果修習定法（止法，即奢摩他）的話，就能得到這樣的**

以是義故，我經中說：『若有比丘修習定者，能見五陰生滅之相。』善男子！若不修定，世間之事尚不能了，況於出世？若無定者，平處顛墜，心緣異法、口宣異言、耳聞異聲、心解異義，欲造異字、手書異文，欲行異路、身涉異徑。若有修習三昧定者，則大利益，乃至阿耨多羅三藐三菩提。

善男子！菩薩摩訶薩具足二法能大利益：一、定，二、智。

正智與正見的。就是這個道理，我在經中說過：『若有比丘修習定法的話，就能見五陰生滅的現象。』善男子啊！若不修習定法的話，世間的事理尚且不能明瞭，更何況出世間的真理？如果不能得定的話，在平坦處也會顛倒墜落，心念攀緣不正確的道理，口中宣說不正確的語言，耳中聽聞不正確的聲音，心中作不正確的解讀，想要造作不正確的文字，而手書寫不正確的文章，想走不正確的道路，使身體走向錯誤的路徑。**如果有修習三昧禪定的話，就能獲得大利益，以至獲得無上正等正覺**。

善男子啊！菩薩大菩薩，具足修習兩種修行法，便能獲得大利益。第一是禪定，第二是智慧。

善男子！菩薩摩訶薩修是二法，四倒暴風不能吹動，如須彌山，雖為四風之所吹鼓，不能令動；不為外道邪師所拔，如帝釋幢不可移轉；眾邪異術不能誑惑，常受微妙第一安樂，能解如來深祕密義，受樂不欣、逢苦不戚，諸天世人恭敬讚歎，明見生死及非生死，善能了知法界、法性，身有常、樂、我、淨之法，是則名為大涅槃樂。」

善男子啊！**菩薩修習此兩種修行法，不會被四種顛倒的暴風吹動。有如須彌山，雖然被四方的風所吹，也不會使其搖動。**不會被外道邪師所摧拔，有如帝釋幢不可移動那樣。種種邪異術，均不能誑惑，恆常身受最微妙的安樂，能解如來深奧秘密的義理，受樂不會有欣喜之俗情，遭遇困難也不會有憂慼之感，會被諸天世人所恭敬讚歎，**能明顯地徹見生死以及非生死的現象，善能了知法界的法性，身體能呈現常樂我淨的現象，這就是所謂的大涅槃樂。」**

第30卷　師子吼菩薩品 第二十三之六

外道與眾生所說的有我是什麼樣子的？
與真實的我有何不同？
要怎麼樣才能明白非無我也非有我，
既無我也既有我？

【要義】

師子吼菩薩品第二十三之六

師子吼菩薩問佛性義，佛以大海有八不可思議，說明大涅槃經也是如此。最後說如來示現胎生不受化身的意義，而師子吼說偈讚佛。

師子吼菩薩品第二十三之六

「善男子！若言佛性住眾生中者，善男子！常法無住，若有住處即是無常。善男子！如十二因緣無定住處，若有住處，十二因緣不得名常。如來法身亦無住處；法界、法入、法陰、虛空悉無住處；佛性亦爾，都無住處。

善男子！譬如四大，力雖均等，有堅、有熱、有濕、有動，有重、有輕，有赤、有白、

「善男子啊！如果說佛性住在眾生之中，善男子啊！**恆常法是無所住留的，如果有住處的話，就是無常**。（所以佛性不住在眾生中）善男子啊！就像十二因緣，並沒有一定的住處，如果有住處的話，十二因緣就不能說是常。如來的法身，也是沒有住處，法界、法入、法陰、虛空，均沒有住處。佛性也是如是，都沒有住處。

善男子啊！喻如四大，力量雖然均等，有堅的，有熱的，有溼的，有動的，有輕的，有重的，有紅的、有白的、有黃的、有黑的，但是這四大都

有黃、有黑，而是四大亦無有業，異法界故，各不相似。佛性亦爾，異法界故，時至則現。

善男子！一切眾生不退佛性故名之為有，阿毘跋致故。以當有故、決定得故、定當見故，是故名為一切眾生悉有佛性。」

「或有說言：『受是佛性。』何以故？受因緣故，獲得如來真實之樂。如來受者，謂畢竟受、第一義受。眾生受性雖復無常，然其次第相續不

不會造業，它們各自在不同的現象中，所以具有不同的性質。佛性也是如此，因為處在不同的現象中，必須在合宜的時節才會出現。

善男子啊！一切眾生的佛性都不會退失，所以說是有，因為不會退轉（阿毘跋致）。因為必然都會證得，因為必然會見到，所以說一切眾生都具有佛性。」

「有的人說：『受是佛性』。為甚麼呢？由於受的因緣，而獲得如來真實的安樂。如來的受，就是畢竟受、第一義的受。眾生的受雖然為無常，但是**依次相續而不中斷，所以獲得如來的常受**。譬如有人姓憍屍迦，人雖為無常變異，但是其姓是恆常

斷，是故獲得如來常受。譬如有人姓憍屍迦，人雖無常而姓是常，經千萬世無有改易。眾生佛性亦復如是，以是故說受為佛性。

又有說言：『想是佛性。』何以故？想因緣故，獲得如來真實之想。如來想者，名無想想。無想想者，非眾生想、非男女想，亦非色、受、想、行、識想，非想、斷想。眾生之想雖復無常，以想次第相續不斷故，得如來常恒之想。善男子！

不變的，經千萬世，都不會有所改變。眾生的佛性也是如此。因此之故，說受為佛性。

又有人說：『想是佛性』。為甚麼呢？由於想的因緣，而獲得如來真實之想。如來的，稱為無想之想。無想之想不是眾生的想，不是男女的想，也不是色、受、想、行、識的想，不是想斷滅的想。眾生的想雖然為無常，而由於想**依次相續而不中斷，而獲得如來常恆的想**。善男子啊！譬如眾生的十二因緣，眾生雖然會滅，而十二因緣是恆常的。眾生的佛性也是如此，因此說想是佛性。

譬如眾生十二因緣，眾生雖滅而因緣常。眾生佛性亦復如是，以是故說想為佛性。

又有說言：『行為佛性。』何以故？行名壽命。壽因緣故，獲得如來常住壽命。眾生壽命雖復無常，而壽次第相續不斷，故得如來真實常壽。善男子！譬如十二部經，聽者、說者雖復無常，而是經典常存不變。眾生佛性亦復如是，以是故說行為佛性。」

又有說言：『行為佛性』。為甚麼呢？因為行就是壽命，由於壽命的因緣，而獲得與如來一樣常住的壽命。眾生的壽命雖然仍是無常，而壽命依次相續而不中斷，所以獲得如來的真實常住壽命。善男子啊！譬如十二部經，聽的人與講說的人，雖然都為無常，但是這經典卻是恆常存在而沒有變異的。眾生的佛性也是如此，所以說行是佛性。」

「又有說言：『識為佛性。』識因緣故，獲得如來平等之心。眾生意識雖復無常，而識次第相續不斷故，得如來真實常心。如火熱性，火雖無常，熱非無常。眾生佛性亦復如是，以是故說識為佛性。」

「善男子！有諸外道雖說有我，而實無我。眾生我者，即是五陰，離陰之外更無別我。善男子！譬如莖、葉、鬚、臺合為蓮花，離是之外更無別花；眾生我者亦復如是。眾生

「又有人說：『識是佛性。』由於識的因緣，而獲得與如來相同平等之心。眾生的意識，雖然仍為無常，但因為意識依次相續而不中斷，而獲得如來真實而恆常的心。就像火的熱性，火雖然是無常，但是熱性卻不是無常。眾生的佛性也是如此，所以說識為佛性。」

「善男子啊！**有些外道，雖然說有我，但實際上並沒有我存在。眾生所謂的我，就是五蘊，離開五蘊之外，就沒有另一個我存在。**善男子啊！譬如莖、葉、鬚、台等物合起來便是蓮花，離開這些，就沒有另一個蓮花。眾生所謂的我，也是如此。眾生所謂的我，也是如此。離開五蘊之外，更沒有甚

我者亦復如是，離五陰外更無別我。善男子！如來常住則名為我。如來法身無邊無礙，不生、不滅，得八自在，是名為我。眾生真實無如是我及以我所，但以必定當得畢竟第一義空故名佛性。」

「善男子！《大涅槃經》亦復如是不可思議。善男子！譬如大海有八不思議。何等為八？一者、漸漸轉深，二者、深難得底，三者、同一鹹味，四者、潮不過限，五者、有種

麼另外之我。善男子啊！如來常住稱為我。**因為如來的法身無邊無礙，不生不滅，獲得八種自在，所以才稱為我**。眾生實際上並沒有這樣的我，以及我所有，但因必然會證得第一義空，所以稱為佛性。」

「善男子啊！大涅槃經也是如此令人不可思議。善男子啊！譬如大海，有八種不可思議的現象。哪八種呢？一是由岸邊逐漸轉深，二是深處難以見底，三是具同樣的鹹味，四是潮水不會越過岸線，五是水中有種種寶藏，六是身軀龐大的眾生在海中居住，七是不留死屍（死屍指一闡提輩），八

種寶藏，六者、大身眾生在中居住，七者、不宿死尸，八者、一切萬流、大雨投之，不增、不減。善男子！漸漸轉深有三事。何等為三？一、眾生福力，二者、順風而行，三者、河水入故。乃至不增不減亦各有三。是《大涅槃》微妙經典亦復如是，有八不可思議。一、漸漸深。所謂：五戒、十戒、二百五十戒、菩薩戒、須陀洹果、斯陀含果、阿那含果、阿羅漢果、辟支佛果、菩薩果、

是所有的河水、大雨的水流注其中，大海不增也不減。善男子啊！這海水漸漸轉深又有三種現象。那三種呢？一是眾生的福德力；二是順風而行；三是河水的注入。以至不增不減等七種現象，也都各有三種現象。此大涅槃微妙的經典，也是如此，有八種不可思議的現象。一是漸漸深，即所謂由五戒、十戒、二百五十戒、菩薩戒、須陀洹果、斯陀含果、阿那含果、阿羅漢果、辟支佛果、菩薩果，以至無上正等正覺果位。此涅槃經宣揚這些修行方法，所以說是漸漸深，所以此經可稱為漸漸深。」

阿耨多羅三藐三菩提果，是《涅槃經》說是等法，是名漸漸深。是故，此經名漸漸深。」

「善男子！如來世尊所有事業勝諸眾生，所謂種姓、眷屬、父母。以殊勝故，凡所說法，人皆信受。是故，如來不受化生。善男子！一切眾生父作子業、子作父業，如來世尊若受化身則無父母，若無父母，云何能令一切眾生作諸善業？是故如來不受化身。」

「善男子啊！如來世尊所有的業相，都比眾生殊勝，這些業相就是所謂種姓、眷屬、父母。因為業相殊勝，只要有所說法，人人都皆會信受。因此如來不受化生出世。善男子啊！一切眾生之中，父親是兒子的業果，兒子也是父親的業果，如來世尊若是受了化身，就沒有父母，如果沒有父母的話，怎麼能教化一切眾生作種種善業呢？所以**如來不受化身**。」

第31卷　迦葉菩薩品第二十四之一

佛性是在過去，在未來，還是在現在呢？

【要義】

迦葉菩薩品第二十四之一

佛為迦葉菩薩說明如來先教菩薩，為菩薩說十二部經中微細義；次教聲聞，為聲聞說淺近義；後教闡提，為一闡提說可生諸善等世間義，並說一闡提尚未斷未來世善根，故得成就菩提。

迦葉菩薩品第二十四之一

「世尊！一切眾生有三種善，所謂過去、未來、現在。一闡提輩亦不能斷未來善法，云何說言斷諸善法名一闡提耶？」

「善男子！斷有二種：一者、現在滅，二者、現在障於未來。一闡提輩具是二斷，是故我言斷諸善根。

善男子！譬如有人沒圊廁中，唯有一髮毛頭未沒；雖復

迦葉菩薩說：「世尊！一切眾生有三種善，所謂過去、未來、現在。一闡提輩，也不能斷滅未來的善法，為甚麼說他斷去種種善法，就是一闡提呢？」

佛陀說：「善男子啊！**斷滅有兩種。一為現在滅，二為現在的作為阻斷了未來。一闡提輩具備此二種**，所以我說，一闡提斷去了種種善根。

善男子啊！譬如有個人掉到糞坑中，只剩一根頭髮尚未沉沒，但一根頭髮不能勝過身體。一闡

一髮毛頭未沒，而一毛頭不能勝身。一闡提輩亦復如是，雖未來世當有善根而不能救地獄之苦。未來之世雖可救拔，現在之世無如之何，是故名為不可救濟，以佛性因緣則可得救。佛性者，非過去、非未來、非現在，是故佛性不可得斷。如朽敗子不能生牙，一闡提輩亦復如是。」

「世尊！一闡提輩不斷佛性，佛性亦善，云何說言斷一切善？」

提輩，也是如此。雖然在未來世會有善根，卻不能挽救地獄之苦。未來世雖然可以救拔，而現在世卻已無可奈何。所以才說這樣的人無法救濟。如果以佛性的因緣的話，則可以救拔。因為佛性不是在過去，也不是在未來，也非現在才存在，所以佛性不可得以斷除的。有如朽敗的種子，不能發芽，一闡提輩的情形，也是如此。」

迦葉菩薩說：「世尊！一闡提輩不曾斷佛性，而佛性也是善的，那麼為甚麼說一闡提輩斷一切善呢？」

「善男子！若諸眾生現在世中有佛性者，則不得名一闡提也，如世間中眾生我性。佛性是常，三世不攝；三世若攝，名為無常。佛性未來以當見故，故言眾生悉有佛性。以是義故，十住菩薩具足莊嚴乃得少見。」

佛陀說：「善男子啊！**如果眾生們在現在世中有佛性的話，就不能稱他為一闡提了。**就像世間中的眾生都具備本性，佛性是常，三世都不足以涵蓋。如果只侷限在三世之中的話，也只能說是無常。因為佛性在未來世中一定會顯現，所以說眾生都具備佛性。基於這樣的道理，所以才說十住的菩薩具足種種莊嚴，才能見到些些許佛性。」

第32卷　迦葉菩薩品第二十四之二

疑惑是執著嗎？什麼是斷了善根的人？

【要義】

迦葉菩薩品第二十四之二

佛為迦葉菩薩說列舉諸弟子眾所懷的四十種疑執的見解，一一加以解說摧破，而勸誡弟子生決定想。

迦葉菩薩品第二十四之二

「善男子！如是諍訟是佛境界，非諸聲聞、緣覺所知。若人於是生疑心者，猶能摧壞無量煩惱如須彌山；若於是中生決定者，是名執著。」

迦葉菩薩白佛言：「世尊！云何執著？」

佛言：「善男子！如是之人，若從他聞、若自尋經、若他故教，於所著事不能放捨，是名執著。」

佛陀接著說：「善男子啊！對於這樣的事情，有不同的論調，是佛的境界，並不是聲聞、緣覺們所能瞭解的。如果有人對於這些生疑心的話，尚且能摧壞有如須彌山的無數煩惱。但是如果對這些問題下了定論，那就是執著。」

迦葉菩薩仰又問佛陀：「世尊！為甚麼叫做執著呢？」

佛陀說：「善男子啊！這樣的人，無論是是從他人那裡聽到，或者是自己去翻閱經書的，或者他人的教導，對於自己所認知的事情，無法放下，就叫做執著。」

迦葉復言：「世尊！如是執著，為是善耶？是不善乎？」

「善男子！如是執著不名為善。何以故？不能摧壞諸疑網故。」

迦葉菩薩白佛言：「世尊！如佛所說：『疑即是著，著即是疑。』為是誰耶？」

「善男子！斷善根者。」

迦葉言：「世尊！何等人輩能斷善根？」

「善男子！若有聰明黠慧

迦葉菩薩又說：「世尊！這樣的執著，是善呢？還是不善呢？」

佛陀說：「善男子啊！**這樣的執著，不能叫做善**。為甚麼呢？因為不能摧壞如網般的疑問。」

迦葉菩薩仰又問：「世尊！如佛所說：『**疑惑就是執著，執著就是疑惑**。』這是指那一類人呢？」

佛陀回答：「善男子啊！這是指斷了善根的人。」

迦葉菩薩說：「世尊！那一種人會斷善根呢？」

佛陀回答：「善男子啊！**如果有人聰明、靈**

利根能善分別，遠離善友、不聽正法、不善思惟、不如法住，如是之人能斷善根。離是四事，心自思惟：『無有施物。何以故？施者即是捨於財物。若施有報，當知施主常應貧窮。何以故？子果相似故。是故說言無因、無果。』若如是說無因、無果，是則名為斷善根也。復作是念：『施主、受者及以財物，三事無常、無有停住。若無停住，云何說言此是施主、受者、財物？若無受者，云

敏、利根，善於分析判斷，但卻遠離善友，不聽受正法，不好好思維，不依法而安住，像這種人，就會斷了善根。離開了四件事（無施業、無父母、無因果、無聖人），而心中自己思惟：『沒有佈施這回事。為甚麼呢？因為所謂佈施，就是捨棄了財物。如果佈施而有果報的話，那麼施主就應該經常是貧窮的。為甚麼呢？因為子與果相類似的道理。因此才說無因無果。』如果用這道理來說明無因無果，這就是斷了善根的人。心中又這麼想：『施主、受者、財物，這三件事都是無常，不會停住。既然沒有停住，怎麼能說：這是施主、是受者、是財物呢？假如沒有受者的話，怎麼能得果報呢？基於這個道理，才說無因無果。』若是用這道理來說明無

何得果？以是義故，無因、無果。』若如是說無因、無果，當知是人能斷善根。

復作是念：『施者施時有五事施。受者受已，或時作善、或作不善，而是施主亦復不得善、不善果。如世間法從子生果，果還作子。因即施主，果即受者，而是受者不能以此善、不善法令施主得。以是義故，無因、無果。』若如是說無因、無果，當知是人能斷善根。」

「復作是念：『無有施物。

因無果，這就是斷了善根的人。心中又這麼想：『佈施者在佈施時，可以用五種方法佈施。受者在接受施後，有時作善，或者不作善。而這位施主仍不能得到善或不善的果報。就像世間的法則，從種子而獲得果實，這果實又是種子。因就是佈施者，果就是受者。而這受施者並不能以自己的善或不善行，讓施主得到果報。基於這個道理，才說無因無果。』如果用這個道理來說明無因無果的話，這就是斷了善根的人。」

「心中又這麼想：『沒有佈施的東西。為甚麼何以故？施物無記。若是無記，云何而得善果報耶？無善惡果即是無記。財若無記，當知即無善惡果報。是故，無施、無因、無果。』若如是說無因、無果，當知是人能斷善根。

復作是念：『施者即意。若是意者，無見、無對，非是色法。若非是色，云何可施？是故，無施、無因、無果。』若如是說無因、無果，當知是人能斷善根。

復作是念：『施主若為佛

呢？因為施物是無記性的。如果是無記性的話，怎麼能得善的果報呢？沒有肯定的善惡果報，就是無記，財物若是無記，便可肯定沒有善惡的果報。所以說沒有佈施，也沒有因果。』如果用這個道理來說明無因無果的話，這就是斷了善根的人。

心中又這麼想：『佈施是一種意念。如果只是意念的話，便沒有可見的具相，也沒有對象，因此不是具象的現象。既然不是具相，如何能佈施？所以說沒有佈施，也沒有因果。』如果用這個道理來說明無因無果的話，這就是斷了善根的人。

心中又這麼想：『佈施者若是為了自己能成就

像、天像、命過父母而行施者即無受者；若無受者，應無果報；若無果報，是為無因；若無因者，是為無果。』若如是說無因、無果，當知是人能斷善根。」

佛身、天身、壽命超過父母，而行施的話，就沒有受施者。如沒有受施者，應該就是沒有果報。若沒有果報的話，就是無因。如果是無因的話，就是沒有果報。』如果用這個道理來說明無因無果的話，這就是斷了善根的人。」

第33卷　迦葉菩薩品第二十四之三

為何說佛性是恆常的，
不在內也不在外？

【要義】

迦葉菩薩品第二十四之三

佛為迦葉菩薩說佛性如虛空，一切眾生同所共有，是無為常住法，不一不異，非內非外，非有非無，非三世所攝的。

迦葉菩薩品第二十四之三

「善男子！智不具足凡有五事，是人知已，求近善友，如是善友當觀是人貪欲、瞋恚、愚癡、思覺何者偏多。若知是人貪欲多者，即應為說不淨觀法；瞋恚多者，為說慈悲；思覺多者，教令數息；著我多者，當為分析十八界等。是人聞已，至心受持；心受持已，如法修行；如法行已，次第獲得四念處觀身受心法。得是觀已，次

「善男子啊！智慧不具足的，共有五種情況（信、戒、施、聞、慧）。這人知道自己智慧不具足以後，便應該去親近善友。這位善友應該觀察這個人是偏多於貪欲、瞋恚、愚癡、思覺的那一種情況偏多。假如知道這個人貪欲比較多的話，就應該為此人闡述①不淨觀法。如果是瞋恚偏多的話，就應該為他講說②慈悲觀法。思覺（煩惱）多的人，即應該教他③修數息觀。我執重的人就應該教他④十八界等觀。這人聽完以後，應該以至誠的心受持。受持以後，要如法修行。如法修行後，就可以逐漸獲得四念處法門，觀察身受與心識活動

第復觀十二因緣；如是觀已，次得煖法。」

迦葉菩薩白佛言：「世尊！所言煖法，云何名煖？為自性煖？為他故煖？」

佛言：「善男子！如是煖法自性是煖，非他故煖。」

迦葉菩薩言：「世尊！如佛所說，眾生佛性猶如虛空。云何名為如虛空耶？」

的情形。能如此觀察以後，再依次觀察十二因緣法。像這樣的觀察修持後，接著便可獲得煖法（四念處觀為①觀身不淨，②觀受是苦，③觀心無常，④觀法無我）。」

迦葉菩薩又問佛說：「世尊！所謂煖法（行者修至此位，工夫已漸得力，如鑽木取火，雖未得火，已有煖氣上升，快要發火了），為何叫做煖呢？這煖法是自性而有呢？或是因外緣而有呢？」

佛陀說：「善男子啊！這煖法是因自性而有，不是來自於外緣。」

迦葉菩薩說：「世尊！如佛所說眾生的佛性有如虛空。為甚麼用虛空作比喻呢？」佛陀回答：「善男子啊！虛空的本質，沒有過去、未來、現在

「善男子！虛空之性，非過去、非未來、非現在；佛性亦爾。善男子！虛空非過去。何以故？無現在故。法若現在，可說過去；以無現在，故無過去。亦無現在。何以故？無未來故。法若未來，可說現在；以無未來，故無現在。亦無未來。何以故？無現在、過去故。若有現在、過去，則有未來；以無現在、過去故，則無未來。以是義故，虛空之性非三世攝。

善男子！以虛空無故無有

的區別，佛性也是如此。善男子啊！虛空不是過去的。為甚麼呢？因為虛空不是存在於現在。現象若是存在於現在，才能說有過去，因為沒有現在的區別，所以也沒有過去。虛空也不是現在，為甚麼呢？因為虛空不是存在於未來。現象若是存在於未來，才能說有現在，因為沒有未來的區別，所以也沒有現在。虛空不是未來的，為甚麼呢？因為沒有現在與過去的區別。如果有現在與過去的話，才會有未來的現象。因為沒有過去與現在，所以也就沒有未來。基於這個道理，虛空的本性，並非三世所能包攝的。善男子啊！由於虛空是空無，所以沒有三世，並不是有虛空，而沒有三世的區別。比如虛空中的花並不存在，所以也沒有三世的區別。虛空

三世，不以有故無三世也。如虛空花非是有故，無有三世；虛空亦爾，非是有故，無有三世。善男子！無物者即是虛空；佛性亦爾。

善男子！虛空無故，非三世攝；佛性常故，非三世攝。善男子！如來已得阿耨多羅三藐三菩提，所有佛性、一切佛法常、無變易。以是義故，無有三世，猶如虛空。善男子！虛空無故，非內、非外；佛性常故，非內、非外。故說佛性

的道理也是如此，因為並不存在，所以也沒有三世的區別。善男子啊！因為沒有任何東西存在，這便是虛空。佛性也是如此。善男子啊！因為虛空是空無的，所以不是三世所能包攝的。善男子啊！如來已經證得無上正等正覺，所具的佛性，以及一切的佛法，都是恆常，而沒有變易的。基於這些現象，所以沒有三世的區別，有如虛空。善男子啊！虛空是空無的，所以不在內也不在外。**佛性是恆常的，所以不在內也不在外。所以說佛性有如虛空。**善男子啊！**比如在這個世間，沒有任何阻礙的地方，便叫做虛空**，如來已經證得無上正等正覺，**對於一切佛法，已經沒有任何罣礙**，所以說佛性有如虛空。由於此因緣，所以我才說**佛性有如虛空**。」

猶如虛空。善男子！如世間中，無罣礙處名為虛空。如來得阿耨多羅三藐三菩提已，於一切佛法無有罣礙，故言佛性猶如虛空。以是因緣，我說佛性猶如虛空。」

迦葉菩薩白佛言：「世尊！如佛所說，無明即漏。云何復言因無明故生於諸漏？」

佛言：「善男子！如我所說無明漏者，是內無明。因於無明生諸漏者，是內外因。若說無明漏，是名內倒，不識無

迦葉菩薩仰白佛陀說：「世尊！如佛所說，無明就是漏（煩惱）。那麼，為什麼又說，因為無明而出生種種漏（煩惱）呢？」

佛陀說：「善男子啊！我說無明就是漏，是內在的無明。由於無明而生出種種漏，則是內在、外在的因緣。**如果說無明就是漏時，這是內在顛倒，不瞭解無常、苦、空、無我的現象**。如果說無明是

常、苦、空、無我；若說一切煩惱因緣，是名不知外我、我所；若說無明漏，是名無始無終，從無明生陰入界等。」

迦葉菩薩白佛言：「世尊！如佛所說，有智之人知於漏因。云何名為知於漏因？」

「善男子！智者當觀：何因緣故生是煩惱？造作何行生此煩惱？於何時中生此煩惱？共誰住時生此煩惱？何處止住生此煩惱？觀何事已生於煩惱？受誰房舍、臥具、飲食、

一切煩惱的因緣，就是不瞭解外在的我、我所有。如果說無明就是漏的話，是說無明是無始無終的，從無明出生五蘊、六入、十八界等。」

迦葉菩薩仰又問佛：「世尊！如佛所說有智慧的人，能瞭解煩惱的原因。如何才能叫做瞭解煩惱的原因呢？」

佛陀說：「善男子啊！有智慧的人應當觀察是甚麼因緣而生此煩惱？到底造甚麼業行，而生此煩惱的呢？在甚麼時候生此煩惱的呢？和誰在一起時，生此煩惱的呢？在甚麼地方停留時，而生此煩惱的呢？觀看甚麼事而生此煩惱？受誰的房舍、臥具、飲食、衣服、湯藥，而生此煩惱的呢？是甚麼

衣服、湯藥而生煩惱？何因緣故轉下作中、轉中作上、下業作中、中業作上？菩薩摩訶薩作是觀時，則得遠離生漏因緣。如是觀時，未生煩惱遮令不生，已生煩惱便得除滅。是故，我於契經中說智者當觀生煩惱因。」

因緣讓下等果報轉成中等，中等果報轉成上等，下業獲得中業果報，中業獲得上等果報呢？菩薩大菩薩，如此觀察時，就得遠離出生煩惱的因緣。如此觀察時，能使未出生的煩惱遮止不出生，已出生的煩惱，便得除滅。所以我在佛經中說過，**有智慧的人，應當去觀察出生煩惱的因緣。**」

第34卷　迦葉菩薩品第二十四之四

一切有漏的現象，就是顛倒嗎？
顛倒就不是真實的，
那什麼才是真實的？

【要義】

迦葉菩薩品第二十四之四

佛為迦葉菩薩說雜食的愛是有漏的，而無食愛是無漏的。一切有漏，皆是顛倒，不能斷生老病死。了知真實的體性，不作顛倒想，如此才可以說是清淨的梵行。

迦葉菩薩品第二十四之四

「善男子！如是受者亦名為因、亦名為果，智者當觀亦因、亦果。云何為因？因受生愛，名之為因。云何名果？因觸生故，名之為果。是故，此受亦因、亦果。

智者如是觀是受已，次復觀愛，受果報故，名之為愛。智者觀愛復有二種：一者、雜食，二者、無食。雜食愛者，因生、老、病、死，一切諸有；

「善男子啊！這樣的受也可以說是因，也可以說是果。有智慧的人應當去觀察是因也是果的現象。怎麼說是因呢？因為受而生愛，此時便是因。怎麼說是果呢？因於觸而受生，此時便是果。所以這受就是因也是果。

有智慧的人，如此觀察之後，接著再觀察愛，因為是受的果報，所以稱為愛。有智慧的人，觀察愛可分為二種：一是雜食，二是無食。雜食愛就是生老病死一切三界諸有的因緣；無食愛就是斷生老病死一切三界諸有，貪得無漏道的因緣。有智慧無食愛者，斷生、老、病、死，一切諸有貪無漏道。智者復當作如是念：『我若生是雜食之愛，則不能斷生、老、病、死。我今雖貪無漏之道，不斷受因則不能得無漏道果。是故，應當先斷是觸；觸既斷已，受則自滅；受既滅已，愛亦隨滅。』是名八正道。」

迦葉菩薩白佛言：「世尊！有漏之法亦復能作無漏法因，如來何故不說有漏為淨梵行？」

的人，更應該心存這樣的念頭：『我如果生起這雜食的愛，就不能斷生老病死。我現在雖然貪於無漏道，但是假如不斷除受的因緣，就不能獲得無漏的道果，所以應該先斷去此觸。斷去觸以後，受就自然滅除。受滅除以後，愛也會隨之而滅。』這就是八正道。」

迦葉菩薩問佛陀：「世尊！有漏的現象，也能作為無漏現象的因緣。如來為什麼不說有漏的現像是清淨的梵行呢？」

「善男子！一切有漏即是顛倒，是故有漏不得名為清淨梵行。」

迦葉菩薩白佛言：「世尊！世第一法為是有漏？是無漏耶？」

佛言：「善男子！是有漏也。」

「世尊！雖是有漏，性非顛倒。何故不名清淨梵行？」

「善男子！世第一法無漏因故，似於無漏；向無漏故，不名顛倒。善男子！清淨梵

佛陀說：「善男子啊！**一切有漏的現象，就是顛倒**，所以有漏不能稱為清淨的梵行。」

迦葉菩薩又問佛陀：「世尊！世間最殊勝的修行法，是有漏呢？還是無漏呢？」

佛陀說：「善男子啊！是有漏的。」

迦葉菩薩說：「世尊！雖然是有漏，但是本性不是顛倒，為什麼不能說是清淨的梵行呢？」

佛陀說：「善男子啊！**世間最殊勝的修行法，是因為它是無漏法的因緣，與無漏法相似，趨向於無漏，不能說是顛倒**。善男子啊！因為它發心修清

行發心相續乃至畢竟，世第一法唯是一念，是故不得名淨梵行。」

迦葉菩薩白佛言：「世尊！眾生五識亦是有漏，非是顛倒，復非一念，何故不名清淨梵行？」

「善男子！眾生五識雖非一念，然是有漏、復是顛倒。增諸漏故，名為有漏；體非真實，著想故倒。云何名為體非真實，著想故倒？非男女中生男女想；乃至舍宅、車乘、瓶、

淨的梵行，而且相續不斷，以至於究竟處。**這世間最殊勝的修行法只是一念**，所以不能說是清淨的梵行。」

迦葉菩薩仰問佛陀：「世尊！眾生的五識也是有漏，但不是顛倒，也不是一念，為什麼不能說是清淨的梵行呢？」

佛陀說：「善男子啊！眾生的五識雖然不是一念，但仍然是有漏，也是顛倒。**因為會增生種種煩惱，所以是有漏。體性不是真實，而是執著於心想，所以是顛倒**。為什麼說體性不是真實，執著於心想，所以是顛倒呢？就是在不存在的男女中，生起男女的心想，以至舍宅、車乘、瓶子、衣服，也都

衣亦復如是，是名顛倒。善男子！三十七品性無顛倒，是故得名清淨梵行。善男子！若有菩薩於三十七品知根、知因、知攝、知增、知主、知導、知勝、知實、知畢竟者，如是菩薩則得名為清淨梵行。」

是如此，所以說是顛倒。善男子啊！三十七道品的性質沒有顛倒，所以可以說是清淨的梵行。善男子啊！若是有菩薩，對於三十七道品，能瞭解根本，知道其因緣，知道其攝取，知道其增長，知道其主體，知道其引導，知道其殊勝處，知道其真實處，知道其畢竟處的話，這樣的菩薩就可以說是清淨的梵行。」

第35卷　憍陳如品第二十五之上

要如何滅除無我的色，
而獲得解脫的真我之色？
要如何滅除不清淨的色，
而獲得解脫而清淨的色？

【要義】

憍陳如品第二十五之上

佛為憍陳如說滅五蘊獲真常。色受想行識是無常、苦、空、無我、不淨乃至非寂靜，因滅是五蘊，獲得解脫常住、安樂、非空、真我、清淨乃至涅槃寂靜之色。

憍陳如品第二十五之上

爾時，世尊告憍陳如：「色是無常，因滅是色獲得解脫常住之色；受、想、行、識亦是無常，因滅是識獲得解脫常住之識。憍陳如！色即是苦，因滅是色獲得解脫安樂之色；受、想、行、識亦復如是。憍陳如！色即是空，因滅空色獲得解脫非空之色；受、想、行、識亦復如是。憍陳如！色是無我，因滅是色獲得解脫真我之

這時世尊告訴阿若憍陳如：「色就是無常，因為滅除了無常的色，才能獲得解脫而常住不變的色。受、想、行、識，也是無常。因為**滅除無常的識等，才能獲得解脫而常住不變的識**。憍陳如啊！色就是苦，由於滅除了苦的色，而獲得解脫且安樂的色。受、想、行、識的情形也是如此。憍陳如啊！色就是空，由於滅除了空色，才能獲得解脫，而非空的色。受、想、行、識也是如此。憍陳如啊！色就是無我，因為**滅除了無我的色，始能獲得解脫的真我之色**。受、想、行、識的情形也是如此。憍陳如啊！色就是不清淨，因為滅除了不清淨的色，才

色；受、想、行、識亦復如是。憍陳如！色是不淨，因滅是色獲得解脫清淨之色；受、想、行、識亦復如是。」

先尼言：「瞿曇！我法中我則有二種：一、作身我，二者、常身我。為作身我修離惡法不入地獄，修諸善法生於天上。」

佛言：「善男子！如汝說我遍一切處，如是我者若作身中當知無常。若作身無，云何言遍？」

能獲得解脫而清淨的色。受、想、行、識的情形也是如此。」

先尼說：「瞿曇！在我們修行的理論中，**我有二種：一是造作身的我，二是恆常的我**。為了要讓那造作之身的我，修習離惡法，不墮入地獄，修種種善法，而能受身於天道。」

佛陀說：「善男子啊！如你所說的，我遍於一切處。這樣的我，如果是在造作身中的話，可以肯定是無常。如果造作身中沒有我，怎麼能說是遍在呢？」

「瞿曇！我所立我亦在作中、亦是常法。瞿曇！如人失火燒舍宅時，其主出去，不可說言：『舍宅被燒，主亦被燒。』我法亦爾，而此作身雖是無常，當無常時我則出去。是故，我我亦遍、亦常。」

佛言：「善男子！如汝說我亦遍、亦常，是義不然。何以故？遍有二種：一者、常，二者、無常。復有二種：一、色，二、無色。是故，若言一切有者，亦常、亦無常，亦色、

先尼說：「瞿曇！我所說的我，也是在造作身中，也是恆常的現象。瞿曇！比如人們在房舍失火時，主人必定要出去，這時就不能說：『房舍被燒了，主人也被燒。』我的道理也是這樣，這造作身，雖然是無常，但是當無常到來時，我便出去，所以，這我是遍在、也是恆常。」

佛陀說：「善男子啊！如你所說的，我是遍在也是恆常，這道理不對。為甚麼呢？因為**遍有二種：一種是恆常，一種是無常**。**又可分為二種：一種是色，一種是無色**。如果說一切存在的現象也有無常的，有色也有無色的。就像是認為，房舍的主人能夠離開，而不是無常，這就不對了。為什麼

亦無色。若言舍主得出不名無常，是義不然。何以故？舍不名主、主不名舍，異燒、異出，故得如是。我則不爾，何以故？我即是色、色即是我，無色即我、我即無色。云何而言色無常時我則得出？善男子！汝意若謂一切眾生同一我者，如是即違世出世法。何以故？世間法名父母、子女。若我是一，父即是子、子即是父，母即是女、女即是母，怨即是親、親即是怨，此即是彼、彼即是此。

呢？因為房舍名稱不叫做主人，主人名稱也不叫房舍。火燒的與離開的不同，所以才能這樣。至於我，就不是這樣。為什麼呢？因為我就是色，色就是我，無色就是我，我就是無色。為什麼說當色無常時，我便得離開呢？善男子啊！你若是認為一切眾生都是同一個我的話，這觀念便違背了世間法與出世間法。為什麼呢？因為世間法，有父母子女的分別。如果我是同一個的話，那麼父就是子，子就是父，母親就是女兒，女兒就是母親。仇怨就是親人，親人就為是仇怨，此就是彼，彼就是此。因此，如果說一切眾生都是同一個我，就違背了世間及出世間的法則。」

是故，若說一切眾生同一我者，是即違背世出世法。」

先尼言：「我亦不說一切眾生同於一我，乃說一人各有一我。」

佛言：「善男子！若言一人各有一我，是為多我，是義不然。何以故？如汝先說，我遍一切。若遍一切，一切眾生業根應同。天得見時，佛得亦見；天得作時，佛得亦作；天得聞時，佛得亦聞；一切諸法皆亦如是。若天得見非佛得見

先尼說：「我並不是說一切眾生有同一個我，而是說一人各有一個我。」

佛陀說：「善男子啊！如果說每一個人各有一個我，這就是多我。這道理是不對的。為甚麼呢？因為如你剛才所說的：我遍於一切處。如果遍於一切處的話，一切眾生的業根，應該就是相同的。天能夠看得見時，佛也應該能看見，天能夠做時，佛也應該能做。天能夠聽到時，佛也應該能聽到。一切現象都一樣。若是天能看見，而佛卻看不到的話，就不應該說我遍於一切處了。如果我不是遍

者，不應說我遍一切處；若不遍者，是即無常。」

佛言：「善男子！法與非法非業作耶？」

先尼言：「瞿曇！是業所作。」

佛言：「善男子！從子出果，是子終不思惟分別：『我唯當作婆羅門果，不與剎利、毘舍、首陀而作果也。』何以故？從子出果終不障礙如是四姓。法與非法亦復如是，不能分別：『我唯當與佛得作果，

在，這就是無常！」

佛陀說：「善男子！這現象與非現在難道不是業行所造作的結果嗎？」

先尼說：「瞿曇！是業行所造作的結果。」

佛陀說：「善男子！從種子長出果實，這種子終究不會自己去分別：『我只要作婆羅門的果，不要作剎帝利、毘舍、首陀羅的果。』為什麼？從種子長出果實，終究不會去阻礙選擇這四姓。現象與非現象也是一樣，不能去分辨『我只要作佛的果，不要作天的果，或者只要作天的果，不要作佛的果。』怎麼說呢？因為業力是平等的。」

不與天得作果；作天得果，不作佛得果。』何以故？業平等故。」

先尼言：「如瞿曇說無我、我所，何緣復說常、樂、我、淨？」

佛言：「善男子！我亦不說內、外六入及六識意常、樂、我、淨。我乃宣說滅內、外入所生六識名之為常；以是常故，名之為我；有常我故，名之為樂；常我樂故，名之為淨。善男子！眾生厭苦，斷是苦因，

先尼說：「若是依照瞿曇所說，不存在我及我所有的話，那麼又為什麼又說有常、樂、我、淨呢？」

佛陀說：「善男子啊！我並不主張內外六入，以及六識為常、樂、我、淨。我主張的是滅除內外六入及所生的六識，就是常。因為這常，而稱為我。因為存在常與我，所以稱為樂。因為存在常、我、樂之故，所以叫做淨。善男子啊！**眾生厭苦，所以要斷除形成苦的原因，讓自己自在而遠離苦，這就是我**。基於這樣的因緣，我今天才要宣揚這涅槃的

自在遠離，是名為我。以是因緣，我今宣說常、樂、我、淨。」

先尼言：「世尊！唯願大慈為我宣說，我當云何獲得如是常、樂、我、淨？」

佛言：「善男子！一切世間從本已來具足大慢、能增長慢，亦復造作慢因、慢業，是故今者受慢果報，不能遠離一切煩惱，得常、樂、我、淨。若諸眾生欲得遠離一切煩惱，先當離慢。」

常樂我淨。」

先尼說：「世尊！但願您大發大悲，為我宣說我該怎麼做，才能獲得這常樂我淨？」

佛陀說：「善男子啊！世間所有的眾生本來就具足了輕慢心，這輕慢心又能不斷增長，也能造作輕慢的因緣、輕慢的業行。所以現在才會受輕慢的果報，而不能遠離一切的煩惱，不能獲得常、樂、我、淨。如果眾生們，**想要遠離一切的煩惱的話，首先就是要遠離慢心。**」

第36卷　憍陳如品第二十五之下

是因煩惱才有身；
還是因為有身，然後才有煩惱的呢？

【要義】

憍陳如品第二十五之下

其時阿難在娑羅林外，為諸魔所撓。文殊大士說，與會者中能夠勝任受持弘揚大涅槃經者大有人在，佛為何此時關心阿難所在呢？世尊在向文殊菩薩及與會眾敘述阿難尊者作為佛侍者的八種不可思議功德，不僅勝任佛侍者的重任，而且能具足持十二部經，堪稱「多聞藏」。佛令文殊菩薩執持大陀羅尼前去救護阿難，並令與梵志須跋陀同來見佛，佛度一梵志須跋陀得阿羅漢果，大眾皆得法益。

憍陳如品第二十五之下

佛言：「善男子！知色故乃至知識故，不見世間常乃至非如去非不如去。」

梵志言：「世尊！唯願為我分別解說世間常、無常。」

佛言：「善男子！若人捨故，不造新業，是人能知常與無常。」

犢子言：「瞿曇！世有善耶？」

「如是。梵志！」

佛陀說：「善男子啊！因為了解色，以至了知識之故，就能不見世間是常，以至不是如法而去不是不如法而去。」

梵志說：「世尊！願您為我分別解說世間的常或無常。」

佛陀說：「善男子啊！**如果有人捨棄舊有的習氣，而不造作新業的話，這樣的人就能了知常與無常的道理。**」

犢子說：「瞿曇！世間有善嗎？」

佛陀說：「有的，梵志！」

「有不善耶？」

「如是。梵志！」

「瞿曇！願為我說，令我得知善、不善法。」

佛言：「善男子！我能分別廣說其義，今當為汝簡略說之。善男子！欲名不善，解脫欲者名之為善；瞋恚、愚癡亦復如是。殺名不善，不殺名善；乃至邪見亦復如是。善男子！我今為汝已說三種善、不善法及說十種善、不善法。若我弟子能作如是分別三種善、不善法，乃至十種善、不善法，當

梵志說：「有不善嗎？」

佛陀說：「有的，梵志！」

梵志說：「瞿曇！但願能為我說，讓我能夠知道善與不善法。」

佛陀說：「善男子啊！我能夠詳細而廣為說明這義理，現在會為你簡略說明。善男子啊！貪欲就是不善，解脫這貪欲就是善。瞋恚與愚癡也是如此（三毒）。殺生就是不善，不殺生就是善，以至邪見也是如此（十不善法、十善法）。善男子啊！我現在已經為你說三種善與不善法，以及十種善與不善法。若我的弟子**能如此分辨三種善與不善法，以至十種善與不善法的話，便可肯定這樣的人已能盡貪欲、瞋恚、愚癡，以及所有煩惱，斷除三界一切諸有。**」

知是人能盡貪欲、瞋恚、愚癡、一切諸漏，斷一切有。」

「復次，瞿曇！世間之法有定用處，譬如工匠云如是木任作車輿、如是任作門戶、床機，亦如金師所可造作在額上者名之為鬘、在頸下者名之為瓔、在臂上者名之為釧、在指上者名之為環。用處定故，名為定性。瞿曇！一切眾生亦復如是，有五道性故，有地獄、餓鬼、畜生、人、天。若如是者，云何說言從於因緣？

納衣梵志說：「再者，瞿曇！世間的事物，有一定的用處。比如工匠說這種木材適合作車輛，這種木材可以作門窗、床機。又像那打金的匠師所製造的東西，用在額頭上的，叫做鬘；在於脖子下麵的，叫做纓；在手臂上的，叫做釧（手鐲），在手指上的，就叫做環。因為有一定的用處，所以說是定性。瞿曇！一切眾生也是如此，因為有五道的本性，才會受身在地獄、餓鬼、畜生、人、天道中。如果都是如此，怎麼可以說是來自因緣呢？」

佛言：「善男子！如汝所言：『如五大性，一切諸法亦應如是。』是義不然。何以故？善男子！汝法中以五大是常，何因緣故一切諸法悉不是常？若世間物是無常者，是五大性何因緣故不是無常？若五大常，世間之物亦應是常。是故，汝說：『五大之性有自性故，不從因緣，令一切法同五大。』者，無有是處。

善男子！汝言用處定故有自性者，是義不然。何以故？皆從因緣得名字故。若從因得

佛陀說：「善男子啊！如你所說：『一切種種不同的現象，也都應該像五大的本性（地、水、火、風四大及空大）那樣。』這道理是不對的。為什麼呢？善男子啊！在你們的觀念當中，認為五大是恆常的，但你們有為何認為其他的一切現象又都不是常呢？假如世間的事物是無常的話，這五大的本性為什麼不是無常呢？如果五大是恆常的話，世間的事物，也應該是恆常的。因此你說：『五大的本性因為有自性，所以不是從因緣生成，而要硬說一切現象都與五大相同。』這毫無道理。

善男子啊！你說因為有一定的用處，所以有自性，這道理是不對的。為什麼呢？因為**這些事物都是從因緣而得名字**。如果從因緣而得名字的話，就

名，亦從因得義。云何名為從因得名？如在額上名之為鬘、在頸名瓔、在臂名釧、在車名輪、火在草木名草木火。善男子！木初生時無箭矟性，從因緣故工造為箭、從因緣故工造為矟，是故不應說一切法有自性也。」

「善男子！世間語法凡有三種：一者、欲作，二者、作時，三者、作已。若一切法有自性者，何故世中有是三語？有三語故，故知一切無有自性。」

應該也從因緣產生其中的意義。為什麼說是從因緣而得名字呢？比如在額頭上稱為鬘；在脖子下稱為纓；在手臂上稱為釧；在車上稱為輪；火燒在草木上稱為草木火。

善男子啊！木材在剛長生時，並沒有箭或矛的本性，而是由於工匠造作的因緣而成為箭；從工匠造作的因緣而成矛。因此不應該說，一切現象都有自性。」

「善男子啊！世人說話的時候，有三種不同的現象。第一是想說，第二是說時，第三是說完了。如果一切現象都存在自性，為什麼還會有這三種說話的現象呢？因為有這三種現象，所以知道一切現象都不存在自性。」

「善男子！汝言：『身為在先？煩惱在先？』者，是義不然。善男子！一切眾生身及煩惱俱無先後，一時而有。雖一時有，要因煩惱而得有身，終不因身有煩惱也。」

汝意若謂：『如人二眼一時而得，不相因待，左不因右、右不因左；煩惱及身亦如是。』者，是義不然。何以故？善男子！世間眼見炷之與明，雖復一時，明要因炷，終不因明而有炷也。

「善男子啊！你說：『到底是身在先呢？還是煩惱在先呢？』這道理都不對。善男子啊！一切眾生之身，以及煩惱，都沒有先後，而是同時而有的。雖然是同時而有，但必須因煩惱才有身，終究不是因為有身，然後才有煩惱的。

你的意思是：『好比人的二隻眼睛，同時見到，並不相互等待，左眼不依因於右眼，右眼不依因於左眼，煩惱與身的關係也是如此。』這道理是不對的。為什麼呢？善男子！因為世間的人以眼看見火炷與光明時雖然也是同時出現，但是會光明，必須要有火炷之因，終究不會說是因為有光明而有火炷的。

善男子！汝意若謂：『身不在先，故知無因。』是義不然。何以故？若以身先無因緣故名為無者，汝不應說一切諸法皆有因緣。若言不見故不說者，今見瓶等從因緣出，何故不說：『如瓶，身先因緣亦復如是。』善男子！若見、不見，一切諸法皆從因緣，無有自性。」

善男子啊！你若是認為：『身不是先存在，所以沒有因緣』，這樣的觀念就不對了。為甚麼呢？因為若是以為身存在之前，並沒有因緣，就肯定沒有因緣，你就不應該說一切現象都來自因緣。若是又要說，因為看不見所以不說，那麼如今你看到瓶器等物，從因緣產生。那麼，為什麼不說：『就像瓶器，身存在之前的因緣也是如此。』善男子啊！**不管是看見的或不可看見的，一切現象都是因緣而生，並沒有自性。**」

國家圖書館出版品預行編目（CIP）資料

大般涅槃經精要,最惡的人也能成佛的智慧：開發每個人本有的覺性；梁崇明編譯. -- 初版. -- 新北市：大喜文化, 2019.07

面；　公分. -- (經典精要；108003)

ISBN 978-986-97518-5-8(平裝)

1.涅槃部

221.63　　108005598

經典精要 108003

大般涅槃經精要，最惡的人也能成佛的智慧：開發每個人本有的覺性

原　　譯：天竺三藏曇無讖
編　　譯：梁崇明
編　　輯：謝文綺
發 行 人：梁崇明
出 版 者：大喜文化有限公司
封面設計：大千出版社
登 記 證：行政院新聞局局版台省業字第 244 號
P.O.BOX ：中和市郵政第 2-193 號信箱
發 行 處：23556 新北市中和區板南路 498 號 7 樓之 2
電　　話：02-2223-1391
傳　　真：02-2223-1077
E-Mail：joy131499@gmail.com
銀行匯款：銀行代號：050　帳號：002-120-348-27
臺灣企銀　帳戶：大喜文化有限公司
劃撥帳號：5023-2915，帳戶：大喜文化有限公司
總經銷商：聯合發行股份有限公司
地　　址：231 新北市新店區寶橋路 235 巷 6 弄 6 號 2 樓
電　　話：02-2917-8022
傳　　真：02-2915-7212
出版日期：2019 年 7 月
流 通 費：$380
網　　址：www.facebook.com/joy131499
I S B N：978-986-97518-5-8